월요 명상

KOKORO TO ATAMA GA KARUKU NARU
SHU HAJIME NO SHINSYUKAN GETSUYO MEISO

일상에서 **소소**하지만
확실하게 **평온**을 **되찾는 방법**

마음과 머리를 재부팅하는

월요명상

이토 도료 지음
이혜정 옮김

비즈니스맵

'월요 명상'은

한 주를 시작하는 월요일에

마음과 머릿속을 재부팅해

기분 좋게 일주일을 보낼 수 있도록

도와주는 습관입니다.

'명상'이라고 하면 여러분은 어떤 이미지를 떠올리십니까? 마음이 정리될 것 같다, 혼란스러운 머릿속이 맑아질 것 같다, 기분이 좋아질 것 같다, 집중력이 높아질 것 같다는 이미지도 있지만 어려울 것 같다, 잘 모르겠다, 종교 같다는 이미지도 떠오르실 겁니다. 요즘 마음챙김(Mindfulnes)이 유행해서 멋있다, 쿨하다, 지적이다는 이미지도 있을지 모릅니다. 명상을 해보고 싶은 분은 많은데 진입장벽이 높다고 생각해서 선뜻 시작하기 어려워하는 분도 꽤 계시는 듯합니다.

안녕하세요. 저는 교토에 있는 절, 료소쿠인(兩足院)의 부주지 이토 도료(伊藤東凌)라고 합니다. 좌선을 지도하면서 명상의 매력을 세상에 알리고 싶어 기업에서 정기적으로 세미나를 진행하거나 학원과 연계해 고등학생을 가르치기도 하고 회사원에게 개인 지도를 하며 해외에서 명상 지도를 합니다. 그 외에 최근에는 온라인 명상이나 선(禪)·명상 앱 'In Trip' 개발과 제작에도 종사하고 있습니다.

명상은 몸과 마음을 정돈한다고 알려져 있으며 과학적으로도 증명되고 있습니다. 저 역시 명상을 통해 마음의 평온을 유지하고 있습니다. 마음을 맑게 하고 싶다, 어수선한 마음을 다스리고 싶다, 온종일 머릿속에서 떠나지 않는 고민을 어떻게든 하고 싶다, 집중력을 높이고 싶다, 판단력이나 상상력을 키우고 싶다, 자존감을 향상시키고 싶다, 잃어버린 나만의 개성을 되찾고 싶다 등등 명상에 관심을 가지는 분의 동기는 다양합니다.

살다 보면 일이 잘 풀리지 않거나 마음먹은 대로 되지 않거나 생각지도 못했던 일이 생기는 등 여러 가지 변수에 놓이게 됩니다. 어째서 이렇게 된 걸까? 하고 부정적으로 생각해서 자신을 탓하며 화나고 답답한 상태가 지속되면 바로 눈앞에 있는 것도 제대로 볼 수 없게 됩니다.

고민이나 피로에 시달리면 무엇이든 나쁜 쪽으로 생각하기 쉽습니다. 그렇게 되면 본래 자신이 가진 능력을 발휘할 수도 없고 일상생활도 즐길 수도 없으며 삶이 괴로울 뿐입니다.

중요한 것은 마음의 평온과 본래의 감각을 되찾는 일입니다. 지금 있는 그대로의 자신을 느끼는 것은 자존감으로 이어져 자연스레 나답게 사는 길이 됩니다. 행복하다고 느끼는 흔들림 없는 축이 됩니다.

초기 상태로 되돌아가 자신을 느껴보세요. 지금 느껴지는 그 감각을 되찾는 것이 중요합니다. 여러 가지 생각으로 뒤죽박죽된 머릿속과 술렁이는 마음을 일단 재부팅합니다. 명상은 초기 상태로 되돌아가기 위한 시간입니다.

앞서 여러분에게 했던 질문입니다. 명상이라고 하면 어떤 이미지가 떠오르십니까? 가벼이 시작하기 어려울 것 같다, 진입장벽이 높아서 어렵다, 이러한 이미지를 깨뜨리고 싶었습니다.

저는 이번 기회로 누구나 장소에 구애받지 않고 일상생활에서 편하게 명상할 수 있는 방법을 제시하려고 합니다. 마음의 변화가 느껴지는 순간을 이용해 나만의 습관으로 만들기 쉬운 프로그램으로 구성했습니다. 이것이 '월요 명상'입니다.

한 주를 기분 좋게 시작하기 위한 새로운 습관. 화나고 답답했던 마음을 차분하게 가라앉히고 머릿속을 맑게 하는 명상.

방법은 매우 간단합니다. 벽에 등을 기대고 앉아서 다리를 쭉 뻗습니다. 꼭 가부좌 자세를 하지 않아도 됩니다. 그리고 눈을 감은 후에 자신의 호흡을 느낍니다. 천천히 깊게 열 번 호흡합니다. 그렇게 약 5분. 그 시간 만큼은 스마트폰이나 컴퓨터로부터도 해방되면서 정신없는 일상에서 벗어납니다. 몸의 관리에 비해 마음에 대해 배울 기회가 적은 현대인들이 디지털 디톡스(Digital Detox)를 하는 데도 도움이 됩니다.

나 자신을 느끼고, 바깥세상을 느낍니다. 그렇게 하면 잠들어 있던 감각을 되찾을 수 있습니다. 그러한 반복이 내 마음을 좋은 방향으로 이끕니다. 의사소통 방법에도, 인간 관계에도, 삶의 방식에도 멋진 변화가 찾아올 것입니다.

여러분도 '월요 명상'을 꼭 체험해보셨으면 합니다.

차례

1장
'월요 명상'으로 일주일을 기분 좋게 시작합니다

2장
'월요 명상'으로 부정적 사고를 뇌에서 전환합니다

4장
'월요 명상'으로
인간관계가 바뀝니다

1장

'월요 명상'으로
일주일을 기분 좋게
시작합니다

> ## 월요일 아침에 머릿속과 마음을
> ## 맑고 깨끗하게 재부팅합니다

한 주의 시작, 월요일. 회사도 학교도 일상생활도 '월요일' 부터 시작한다는 감각을 몸으로 느끼는 분이 많을 듯합니다. 한 주를 시작하는 월요일 아침이 되면 '이번 주도 시작이구나', '이번 주도 파이팅!', '이번 주는 이걸 해볼까?' 등 많은 분이 기분을 전환하고 지난주와 구분 지으려 합니다. 한 주의 시작은 월요일이 아니라고 말하는 분도, 역시 한 주를 시작할 때는 기분을 바꾸는 습관이 있지 않을까요?

그런데 한편으로 한 주를 시작할 때 기분 전환에 어려움을 겪는 사람이 늘고 있는 것도 사실입니다. '출근하기 싫어', '학교 가기 싫어', '그 사람하고 마주치기 싫어'처럼 월요일 아침부터 울적하고 괴로운 기분을 느끼는 것이 원인 가운데 하나일지도 모릅니다. 그러한 증상은 세계적으로 '월요병(Monday blues)'이라 불리며 과학적으로도 실증되고 있습니다. 몇 가지 흥미로운 연구를 소개하려 합니다.

일본 대형 제과 회사 에자키 글리코의 설문 조사(2018년 2월 직장인 남녀와 전업주부 각 400명에게 실시)에서 '우울하다고 느끼는 요일'로 '월요일'을 꼽은 사람이 가장 많았습니다.

노동안전보건기구 아사히 로사이 병원(Asahi Rosai Hospital, 아이치현)의 연구에서도 심장이 받는 부하(수축기 혈압 × 맥박수)는 월요일 오전이 다른 요일과 시간대와 비교해 높다고 합니다. 와세다대학 부교수 우에다 미치코(上田 路子)의 인구동태 조사표 분석에는 남성이 가장 많이 자살하는 시간대가 월요일 오전이라는 데이터도 있습니다.

월요일은 정말로 우울한 요일, 울적한 날인 듯합니다. 일본에서는 월요일이 온다고 생각하면 나타나는 증상을 '사자에 씨 증후군'이라는 단어로 표현하기도 합니다. 일요일 저녁에 방송하는 애니메이션 〈사자에 씨〉를 보고 나면, 다음날인 월요일부터 다시 학교나 회사에 가야 한다는 생각 때문에 우울해지고 몸 상태가 나빠지면서 무력해지는 증상을 말합니다.

월요병의 원인이나 이유는 다양하다고 하는데 결국 심신의 스트레스에서 비롯된다는 점에서 변함없을 듯합니다. 월요일을 기분 좋게 시작하면 화요일, 수요일도 그 흐름을 타고 멋진 한 주를 보낼 수 있을 것입니다. 그러나 월요일의 시작이 나쁘면 화요일, 수요일도 그 영향을 받게 됩니다.

나쁜 영향을 주는 흐름은 반드시 끊었으면 합니다. 일상의 스트레스가 계속 쌓여서 움직임이나 반응이 느려진 여러분의 마음과 머릿속을 맑고 상쾌하게 재부팅할 수 있다면 얼마나 좋을까요. 그렇습니다! 컴퓨터나 스마트폰처럼요. 그래서 고안한 것이 지금부터 소개할 '월요 명상'입니다.

월요일 주 1회 명상으로 무엇이 좋아질까?

월요일은 사람들이 일주일 가운데 가장 우울한 요일로 생각하며 자신의 스트레스와 마음의 짐을 실감하기 쉽습니다. '어떻게든 해야 해'라고 자신도 자각하는 타이밍일지 모릅니다. 그렇기에 여러분의 마음을 재부팅하기에 딱 맞는 타이밍입니다.

왜냐하면 재부팅했을 때의 마음과 머릿속의 변화를 가장 실감하기 쉬운 데다 재부팅을 습관화하기에도 수월하기 때문입니다. 내 안의 답답한 감정이나 억울하고 분한 마음과 같은 스트레스를 인식한 상황에서 깨끗하게 끊어 버리는 것입니다.

물론 처음에는 생각처럼 깔끔하게 끊기 어려울지도 모릅니다. 사람은 아무래도 부정적 감정에 얽매이기 쉽기 때문입니다. 그러나 재부팅은 나쁜 영향을 주는 흐름을 끊어서 마음과 머릿속의 기능을 정상화하는 것이므로 '어? 가벼워졌어!'라고 느끼실 수 있을 것입니다.

스마트폰이나 컴퓨터는 계속 켜놓고 있으면 아무래도 데이터가 많아진다거나 백그라운드에서 작동하는 수많은 앱이 뒤섞여서 동작이 굼뜨기 쉽습니다. 때로는 과부하가 걸리면 멈춰 버리는 일도 있습니다. 그럴 때 주로 하는 행동이 재부팅입니다.

재부팅을 하면 스마트폰이나 컴퓨터는 뒤섞인 정보를 깨끗하게 정리하고 작동 중인 많은 앱도 종료하여 정상적으로 작동할 수 있는 상태로 되돌아갑니다. 초기 상태로 돌아가기 때문에 반응하지 못하던 센서가 제 기능을 되찾는 일도 많습니다.

스마트폰이나 컴퓨터를 재부팅하면 기기가 스스로를 정리하고 정상적으로 기능할 수 있도록 초기 상태로 되돌아가는 것입니다. 스마트폰이나 컴퓨터 상태가 나빠서 고객 센터에 가면 정기적으로 재부팅을 하라는 조언을 듣는 일도 자주 있지 않습니까?

나 자신의 마음과 머릿속을 정기적으로 재부팅하는 것. 그것이 바로 이 책에서 제안하는 주 1회 명상습관, '월요 명상'입니다.

'월요 명상'은 격식에 얽매이지 않아
자유롭고 편한 새로운 명상법입니다

명상이라고 하면 요즘 유행하는 마음챙김(Mindfulnes)을 떠올리는 분이 많을 듯합니다. 하지만 한편으로 궁금한 점이 있습니다. 마음챙김으로서의 명상은 '멋있다', '쿨하다', '지적이다'라는 이미지가 박혀서 문턱이 조금 높아진 것이 아닐까 하고요. 무언가 벽이 생긴 듯한 느낌도 들었습니다.

창의성을 키운다, 집중력을 높인다, 정신력을 기른다, 사회성을 지닌다, 자신의 능력을 최대한으로 발휘해 최고의 성과를 낸다……처럼 효과도 고상하게 소개되는 것이 많습니다. 흐트러진 마음의 평온을 명상으로 되찾고 본래 자신의 감각을 되돌린다는 아주 단순한 일이 '마음챙김'이라는 단어로 표현되면서 '왠지 어려울 것 같아', '내 일상과는 조금 거리가 있어 보이는데'라는 느낌으로 전해졌을지도 모릅니다. 그런 이유로 진입장벽의 높이를 느껴서 선뜻 시작하지 못하는 분도 있는 것 같았습니다.

명상 지도를 받는 분 가운데 "명상에 관심은 있는데 저는 마음챙김을 할 타입은 아닌 것 같아요. 저하고는 안 맞을 것 같아서요"라고 말한 분도 있습니다. 물론 스타일리시하고 쿨한 면도 있으면 좋지만, 또 하나의 흐름으로써 더 넓게 더욱 많은 분의 일상과 친밀하고 안정감 있는 명상 습관을 제안하려 합니다.

명상은 누구나 부담없이 가볍게 할 수 있는 것이었으면 합니다. 아이부터 어른까지 가족 모두가 습관화할 수 있으면 좋겠습니다. 그러한 마음으로 일상에서 가볍게 따라 할 수 있도록 고안한 '월요 명상'을 여러분께 제안합니다.

월요일 아침 5분으로 마음을 재부팅하는
새로운 습관 '월요 명상'이란?

축 처진 기분으로 시작하기에 십상인 월요일 아침. 지난 주까지 쌓인 피로와 누적된 스트레스를 질질 끌며 시작할 것인가. 아니면 재부팅하여 마음속을 깨끗하게 정리하고 시작할 것인가. 여러분이 한 주를 알차게 보낼 수 있을지 없을지는 월요일 아침의 마음 상태에 달려 있다고 해도 과언이 아닙니다.

월요 명상의 특징은 방법이 '자유롭고 간단'하다는 것입니다. 다른 명상 방법에 비교하면 독특합니다. 벽에 등을 기대고 앉아서 다리를 쭉 뻗은 자세로 명상합니다. 가부좌를 틀지 않아도 됩니다. 온몸에 힘을 빼도 좋습니다.

명상이라고 하면 등을 꼿꼿하게 세우고 가부좌를 튼다는 이미지가 있습니다. 그러나 지금부터 소개할 '월요 명상'을 알게 되면 의외라고 생각할지도 모릅니다. 명상 자세를 갖추지 않고도 명상이 가능하니까요.

물론 자세를 잡고 시작하는 것도 하나의 방법입니다. 그러나 자세에 얽매이면 명상의 본질을 이해하기 어려울 수도 있습니다. 무엇보다 여러분이 명상의 본질을 먼저 이해한 다음, 체험하여 얻은 것을 실생활에 적용할 수 있었으면 합니다. 그러한 이유로 지극히 간단하고 자유로운 방법으로 바꾸었습니다.

명상하는 시간도 5분으로 충분합니다. 특히 정신없는 월요일 아침, 부디 5분 만이라도 나 자신을 위해 명상 시간을 마련했으면 합니다. 5분보다 길게 할 수 있는 분은 길게 하는 편이 재부팅한 마음과 머릿속을 실감하기 쉽고 그 상태를 길게 지속하기 쉬울지도 모릅니다.

일어나자마자 바로여도 좋고 아침을 먹기 전이어도 좋고

집에서 나가기 직전이어도 상관없습니다. 월요일 아침에 명상 시간 5분을 만드는 것만으로도 여러분의 한주가 확 달라집니다.

33쪽부터 방법을 자세하게 소개합니다. 꼭 따라 해보세요.

명상은 '머릿속을 비우는 것'이 아니다

'월요 명상'을 시작하기 전에 꼭 여러분에게 전하고 싶은
말이 있습니다. '명상'이라고 하면 여러분은 무엇을 떠올리
시나요? 머릿속을 비운다, 마음속을 깨끗하게 한다, 나 자
신과 마주한다, 무념무상에 든다 등 한마디로 정리하면 어
려울 것 같다는 이미지일까요?

'월요 명상'에서는 어려운 것을 생각할 필요가 없습니다.
제가 하는 '좌선'도 그냥 앉아 있을 뿐입니다. 무념무상에
든다든가 머릿속을 비운다든가 하는 목적이나 계획은 없
습니다. 가만히 앉아 있을 뿐입니다.

앉아서 무엇을 하느냐. 여러 가지를 느낍니다. 숨을 들이 마시고 있구나, 내쉬고 있구나, 손이 따뜻하네, 손가락이 저려, 새소리가 들린다, 발소리가 들려, 불단의 선향 향기가 느껴져, 꽃내음이 나네 등. 나 자신의 감각을 깨워서 내 안에 있는 것과 주위에 있는 것을 느끼며 끊임없이 받아들입니다. 일상생활에서 생긴 스트레스 등으로 흐트러지고 뒤섞인 감각을 정리하여 나 자신의 본래 상태로 되돌아가는 것입니다. 그렇게 함으로써 자연스레 마음의 상태도 정돈됩니다.

명상이란 머릿속을 비우는 것이 아니라 자신의 감각으로 받아들인 정보를 하나씩 하나씩 정성스레 체험하는 것입니다. 이것이 '월요 명상'의 첫걸음입니다. 그러면 바로 '월요 명상'을 시작해볼까요?

'월요 명상'의 기본 방법

우선 명상하기 좋은 방을 만들어봅시다. 커튼을 걷고 아침 햇살을 받아들입니다. 햇빛은 행복 호르몬이라 불리는 세로토닌 분비를 촉진하는 효과가 있어서 쐬기만 해도 마음이 편안해집니다. 창문도 열면 더욱 좋습니다. 햇빛은 직접 쐬는 편이 더 효과가 좋다고 알려져 있으니까요. 다만 주거 환경에 따라 창문을 열지 못할 수도 있습니다. 방을 환기하고 주변을 정리합니다. 그때는 커튼을 걷기만 해도 좋습니다. 텔레비전이나 라디오도 끕니다. 아침에 음악을 듣는 습관이 있는 분은 명상할 때만 잠시 멈춰주세요. 가능하면 스마트폰도 전원을 꺼주세요. 5분 정도면 충분합니다.

이로써 '월요 명상'의 준비가 끝났습니다. 방 안이 정리되면 명상을 시작합니다. 다음과 같은 순서로 명상을 합니다.

① 앉습니다

② 손목을 살살 흔들며 풀어줍니다.

③ 손을 모으고 눈을 감습니다.

④ 손을 모은 채 호흡을 느낍니다.

⑤ 호흡에 맞춰 숫자를 하나부터 열까지 셉니다.

준비부터 숫자를 열까지 세는 데 약 5분. 단 5분이라 해도 마음을 초기화하는 소중한 시간입니다. 순서에 따라 방법을 자세하게 소개하겠습니다.

① 앉습니다

방 어디라도 좋습니다. 벽에 엉덩이를 대고 기대어 앉습니다. 다리를 쭉 펴고 편하게 앉습니다. 다리를 펴기 어려우면 무릎을 구부려도 상관없습니다. 그래도 힘들다면 다리를 옆으로 모아 구부려도 됩니다. 명상 자세에서는 가능한 한 등을 구부리지 않는 것이 중요합니다. 벽에 등을 전부 붙이고 앉으면 편하게 자세를 유지할 수 있습니다.

기댈 벽이 없거나 바닥에 앉을 수 없는 분은 등받이가 있는 의자에 앉습니다. 의자에 앉을 때는 깊숙하게 앉아서 등받이에 등을 기댑니다. 가능하면 양발을 바닥에 붙여 주세요.

② 손목을 살살 흔들며 풀어줍니다

그림처럼 양손을 앞으로 내밀고 팔에 힘을 빼고 손목을 10~20초 정도 풀어줍니다. 손목을 풀어주는 것만으로도 몸에서 힘이 빠집니다. 머릿속과 마음의 움직임이 좋지 않을 때는 몸도 긴장하게 됩니다. 몸에서 힘을 빼면 감각을 되돌리기 쉽습니다.

소요 시간: 10~20초   **소요 시간**: 20~30초

③ 손을 모으고 눈을 감습니다

손목을 풀고 나서 그림처럼 가슴 앞으로 손을 모은 뒤 눈을 감습니다. 가슴 앞에서 손을 모으기 힘든 분은 배 앞이어도 괜찮습니다. 손을 모으면 오른손과 왼손이 맞닿은 부분에 의식을 집중합니다. 손바닥, 새끼손가락, 약지, 중지, 검지, 엄지 순으로 의식을 집중하면 예를 들어 따뜻하다, 차갑다, 저리다 등을 느낄 수 있습니다. 20~30초 정도 느낍니다.

소요 시간: 20~30초

④ 손을 모은 채 호흡을 느낍니다

다음으로 호흡에 의식을 집중합니다. 지금 숨을 들이마시고 있는지 내쉬고 있는지를 느끼는 것만으로도 좋습니다. 일상에서는 끊임없이 호흡하고 있다는 것을 잊어버리기 쉽습니다. 이 단계에서는 호흡의 존재를 다시금 느끼는 것이 중요합니다. 20~30초 정도 느낍니다.

소요 시간: 2분 30초~3분

월요 명상

⑤ 호흡에 맞춰 숫자를 하나부터 열까지 셉니다

조금 깊게 호흡한다는 느낌으로 천천히 숨을 들이마시고 천천히 숨을 내쉽니다. 숨을 내쉴 때는 마음속으로 '하~나', '두~울' 수를 셉니다. 호흡 리듬에 맞춰서 하나, 둘, 셋, 넷, 다섯, 여섯, 일곱, 여덟, 아홉, 열을 천천히 셉니다.

'열'까지 다 세면 '월요 명상'이 끝납니다. 수를 세다가 끊길 때는, 예를 들어 '넷'에서 끊기면 잠시 쉬었다가 '다섯'부터 시작해주세요. '열'까지 세면 끝입니다. 사실 명상을 처음 시작하는 분이 한 번에 '열'까지 세는 것은 간단하지 않습니다. 명상을 하고 있으면 5분이라 해도 여러 가지가 머릿속에 떠오르기 때문입니다.

수를 세다가 끊기면 일단 호흡에 의식을 집중해보세요. 들이마시고 있구나, 내쉬고 있구나 하고 호흡을 느끼면 다음에 숨을 내쉴 때 이어서 수를 셉니다. 명상을 하면서 머릿속을 비울 수는 있지만 잡념이나 딴생각이 들지 않기란 불가능합니다. 다만 떠올라도 정신을 바짝 차리고 끝까지 숫자를 세는 것입니다.

> # 명상의 목적은 어떻게 보면
> # 자신의 머릿속을 관찰하는 일

명상하고 있을 때 머릿속에 여러 가지 떠오르는 것은 나쁜 일이 아닙니다. 떠오르는 생각을 관찰합니다. 그것을 명상의 목적이라 불러도 좋을지 모릅니다. 문제는 떠오른 생각에 마음을 빼앗긴다는 점입니다. 그것이 '열'까지 셀 수 없었다거나 혹은 도중에 끊기는 원인이기도 합니다. 떠오른 생각에 마음을 빼앗겨서 숫자 세는 것을 잊어버리고 마는 것입니다.

시간이 조금 걸릴지도 모르지만 '월요 명상'을 꾸준히 하다 보면 차츰 떠오르는 생각에 휘둘리지 않게 됩니다. 걱정거리, 싫은 것, 두근거리는 일, 기쁜 소식이 떠올라도 흘려 보낼 수 있게 됩니다. '앗, 무언가 떠올랐어'하고 머릿속을 객관적으로 관찰할 수 있습니다.

저는 이러한 경지를 설명할 때 주로 해변에 비유하곤 합니다. 사람의 마음은 바다와 닮은 부분이 있습니다. 아무런 문제 없이 잔잔한 수면일 때도 있지만 커다란 문제가 생겨서 폭풍우가 휘몰아칠 때도 있습니다. 바다가 잔잔할 때는 그냥 둥둥 떠 있기만 해도 되지만 파도가 거칠어지면 그럴 수 없습니다. 바다가 거칠어지면 보통은 어떻게든 그곳에서 벗어나려 손발을 바둥바둥 내젓거나 서핑 보드 등을 사용해 필사적으로 파도를 헤쳐 나갈 것입니다.

명상에 익숙해지면 아무것도 하지 않게 됩니다. 바둥거리는 것을 포기하고 흐름에 몸을 맡기는 것입니다. 그렇게 하면 먼 곳으로 쓸려 갈지도 모르지만, 파도가 가라앉고 조수가 빠질 무렵에는 해변(마음을 바깥에서 바라보는 장소)으로 되돌아와 있는 것을 알 수 있기 때문입니다. 명상의 달인이 되면 바다에 들어가지 않고도 해변에 앉아서 바다를 바라볼 수 있게 됩니다.

머릿속으로 떠오르는 생각에 하나하나 반응하는 것은 바다의 자그마한 변화에도 허둥대는 것과 비슷합니다. 그렇게 되면 몸도 마음도 지쳐 버립니다. 바다가 거칠어져도 아무것도 하지 않습니다. 해변에 앉아서 그 모습을 바라봅니다. 이것이 '월요 명상'의 최종 목표입니다. 주 1회 마음의 재부팅을 반복하여 얻을 수 있는 최고의 마음 상태입니다.

'월요 명상'의 첫걸음은 차분하게
자신의 몸을 느끼는 것부터 시작합니다

머릿속으로 떠오르는 생각에 마음을 빼앗기지 않게 되는 것은 조금 나중의 일입니다. '월요 명상'의 목적은 월요일 아침에 마음과 머릿속을 재부팅하여 쌓인 피로나 스트레스를 끊어내고 산뜻하게 새로운 한 주를 시작하는 것입니다. 재부팅하기 위해 우선 자신의 몸을 느끼는 것부터 시작합니다.

평소에는 자신의 몸을 그다지 의식하지 않고 살아갑니다. 지금부터는 의식하면서 느껴봅시다. 익숙해질 때까지 어느 정도 집중력이 필요할지도 모르지만, 그것이 '명상'의 첫걸음이며 동시에 마음을 재부팅하는 스위치가 됩니다. 손을 모으고 있을 때 오른손으로 왼손을, 왼손으로 오른손을 분명하게 느낄 수 있었습니까? 호흡하고 있을 때 숨을 들이마시고 있는지 내쉬고 있는지를 느낄 수 있었습니까?

우리에게는 본래 내 안에 있는 것도 주위에 있는 것도 섬세하게 느낄 수 있는 감각이 있습니다. 그것이 바쁜 일상이나 인간관계의 스트레스 등에 마음이 휘둘리게 되면 조금씩 무디어집니다. 그러한 상태가 계속되면 감각이 점점 제 기능을 잃어버리게 되고 자신을 행복하게 해주는 것이 근처에 있어도 알아챌 수 없게 됩니다.

'월요 명상'에서는 자신의 몸을 느끼며 무디어진 감각을 되찾을 것입니다. 다양한 것을 받아들이기 위해 감각을 깨우는 몸풀기인 셈입니다. 손을 모으고 오른손으로 왼손을 느끼려고 하면 왼손의 온기를 느낄 수 있습니다. 반대로 해도 마찬가지입니다. 각각의 손가락을 의식하면 손가락마다 온기를 느낄 수 있습니다. 손가락 끝이 저리는 듯한 감각을 느낄지도 모릅니다.

호흡에 의식을 집중하면 숨을 들이마실 때 폐가 부풀어

오르고 내쉴 때 오므라드는 것을 알 수 있습니다. 숨을 크게 들이마시면 배가 불룩해지고 내쉬면 들어가는 것도 느낄 수 있을지 모릅니다.

오른손과 왼손 그리고 숨을 들이마시거나 내쉴 때 몸의 움직임. 일상생활 속에서 이렇게까지 세세하게 몸을 의식하는 일은 거의 없는 듯합니다. 건강할 때나 컨디션이 좋을 때는 더욱 그렇습니다. 몸에 신경을 쓰는 것은 열이 난다든가, 나른하다든가, 손발을 다쳤다든가, 몸에 무언가 구체적인 증상이 나타났을 때가 아닐까요?

오른손도, 왼손도, 숨을 들이마시거나 내쉬기 위해 사용하는 폐도 내 몸의 일부분입니다. 당연해서 잊어버리기 쉬운 것을 느낄 수 있으면 무디어졌던 감각이 되살아난다는 증거입니다. 마음의 재부팅 완료입니다.

마음을 재부팅하여 감각을 한층 업그레이드하는 '월요 명상 플러스'

'월요 명상'에 익숙해지면 부디 '월요 명상 플러스'에도 도전해보셨으면 합니다. '월요 명상 플러스'는 기본 '월요 명상'의 방식으로 '열'까지 센 후에 이어서 진행합니다. 내 안에 잠들어 있는 감각을 깨워 한층 갈고 닦을 수 있습니다. 방법은 두 가지입니다.

①눈을 감고 손을 모은 채 소리를 듣습니다.
②눈을 감고 손을 모은 채 냄새를 맡습니다.

'월요 명상'의 기본 방식은 자기 몸 안을 느끼는 것이지만 '월요 명상 플러스'에서는 몸 밖에 있는 것을 느껴봅니다. 도시 생활에 익숙해지면 들리는 정보를 무의식적으로 차단하는 경우가 있는데 귀를 기울이면 다양한 소리를 들을 수 있습니다.

도로를 달리는 차 소리가 들리지 않습니까? 학교에 가는 아이들의 목소리가, 새가 지저귀는 소리가 들리지 않나요? 에어컨을 틀고 있으면 실외기 소리가 들릴지도 모릅니다. 자동차 소리도 주의 깊게 들어보면 여러 가지 소리가 있음을 알게 됩니다. 작은 차와 큰 차의 소리가 다르고 멈추려고 하는지 속도를 내고 있는지에 따라서도 다릅니다.

비가 오는 날이면 빗소리를 들을 수 있습니다. 빗소리에도 여러 가지가 있습니다. 비가 지붕을 두드리는 소리, 비가 땅에 부딪히는 소리, 밖을 걷고 있는 사람이 있다면 비가 우산에 떨어지는 소리를 들을 수 있을지도 모릅니다. 콘크리트 지붕과 기와를 두드리는 소리가 다를 것이고 아스팔트 도로와 흙길 위로 내리는 소리도 전혀 다를 것입니다.

냄새는 어떨까요? 냄새도 평소에는 별로 의식하지 않는

다고 생각합니다. 하지만 염두에 두고 집중해서 맡으려고 하면 무언가 풍기는 냄새가 있을 것입니다. 얼마 전에 산 방향제, 항상 뿌리는 향수, 핸드크림, 어제 사서 테이블에 놓아둔 과일, 탈취제 등 다양한 냄새가 있다는 것을 알게 됩니다. 창문을 열면 밖에서 들어오는 냄새도 느낄 수 있습니다. 무엇이 들리는지 또는 무슨 냄새가 나는지는 중요하지 않습니다. 여러 가지 소리와 냄새를 느끼는 것이 포인트입니다. 그만큼 감각이 깨어났다는 증거입니다.

'월요 명상 플러스'와 함께 꼭 소개하고 싶은 것이 있습니다. 저도 매일 아침에 하는 '보디 스캔(body scan)'입니다. 이 역시 감각을 깨우는 연습입니다. '월요 명상'을 하면서 숨을 들이마시거나 내쉴 때 의식을 집중하면 배가 불룩해지거나 들어가는 것을 느낄 수 있다고 말씀드렸는데 보디 스캔은 더욱 세밀하게 몸의 움직임을 관찰합니다. 실제로 카메라를 사용하여 스캔하는 것은 아닙니다. 근육이 땅긴다든가 풀렸다든가 몸의 컨디션은 어떤가 하고 떠올려보는 것으로 상상력이 필요합니다.

예를 들어 숨을 들이마시면서 폐로 들어온 공기가 가슴

부터 등, 배, 척추, 엉덩이, 손이나 발끝까지 퍼지는 것을 상상합니다. 반대로 숨을 내쉬면서도 여러 부위를 지나 마지막으로 입에서 숨이 나올 때까지를 상상합니다.

보디 스캔은 익숙해지면 매우 즐겁습니다. 저 자신을 포함하여 제 주위에서도 컨디션 관리의 일환으로 습관처럼 매일 하는 분이 적지 않습니다. '월요 명상'과 함께 반복하면 감각을 조금씩 깨울 수 있습니다.

우리가 본래 가지고 있는 감각을 되찾으면 사소한 일이나 작은 움직임도 알 수 있습니다. 예를 들면 불분명하고 흐릿했던 영상의 해상도를 높여서 선명히 볼 수 있게 되는 것과 비슷합니다. 그렇게 되면 찬스도 찾기 쉬워질지 모릅니다. 언제라도 찬스를 잡을 수 있도록 '월요 명상'으로 감각을 깨워두기를 추천합니다.

좌선의 본질을 더해 '월요 명상'을 더욱 즐겁게

기본적인 '월요 명상'에 익숙해지면 조금 본격적인 명상에 가까워질 수 있도록 호흡과 자세를 한층 가다듬어 보는 것은 어떨까요?

이것은 제가 부주지로 있는 절 료소쿠인에서 좌선 체험에 참여하는 모든 분에게 지도하는 호흡법과 자세에 가깝습니다. 조금 어려울지도 모르지만 무리하지 않는 범위에서 꼭 해보셨으면 합니다. 가끔은 호흡이나 자세를 바꾸어 본격적인 명상 체험에 도전해보는 것도 분명 기분전환이 되고 재미있으리라 생각합니다.

월요 명상

우선 호흡입니다. 순서는 2단계입니다.

① 복식 호흡을 합니다.
② 숨을 들이마시는 시간보다 내쉬는 시간을 길게 잡습니다.

복식 호흡을 할 수 있으면 그것만으로도 마음이 안정됩니다. 복식 호흡이 횡격막을 이용하기 때문입니다. 횡격막이 움직이면 주변에 있는 자율신경을 자극하여 긴장을 풀어주는 부교감신경이 활성화합니다.

① 복식 호흡을 합니다

월요 명상을 하기 전에 복식 호흡을 연습해봅시다. 방법은 간단합니다.

1. 손을 배 위에 올려놓습니다. 5초에 걸쳐 입으로 숨을 내쉬면서 배를 들어가게 합니다.
2. 손은 그대로 배 위에 두고 5초에 걸쳐 코로 숨을 들이마십니다. 배가 불룩해지는 것을 느낍니다.

② 숨을 들이마시는 시간보다 내쉬는 시간을 길게 잡습니다

복식 호흡을 조금 바꾸어보았습니다. 숨을 길게 내쉬면 부교감신경이 작용하여 마음이 평온해집니다. 무리하지 않는 선에서 해보세요.

월요 명상

1. 손을 배에 올리고 3초에 걸쳐 코로 숨을 들이마십니다.

2. 숨을 2초 동안 멈춥니다.

3. 손은 그대로 두고 10초에 걸쳐 입으로 숨을 내쉽니다.

다음은 자세입니다. 자세도 2단계입니다.

① 가부좌 자세로 앉습니다.

② 좌선하는 자세로 앉습니다.

명상 자세의 기본은 '넓고 높게'입니다. 넓고 높게 의식하는 이유는 몸이 여러 가지를 느끼기 위한 안테나 역할을 하기 때문입니다. 가부좌 자세로 앉을 때도, 좌선 자세로 앉을 때도, 등을 곧게 펴는 것이 가장 중요합니다. 1단계인 가부좌 자세로 앉을 때 등을 곧게 펴는 것이 어려우면 벽에 기대어 명상하기를 권합니다. 자세에 집중하게 되면 본래 목적인 마음의 재부팅에 지장이 생길 수 있으므로 주의해주세요.

① 가부좌 자세로 앉습니다

바닥에 앉아서 벽에 기대지 않고 가부좌를 틉니다. 등을 곧게 펼 수 있도록 하며 상반신의 힘을 뺍니다. 의자에 앉아서 월요 명상을 하는 분은 등받이에 기대지 않도록 해주세요. 물론 이 경우에도 등을 곧게 펼 수 있도록 합니다.

② 좌선하는 자세로 앉습니다

부처의 좌법(坐法)으로써 올바른 좌선의 형식을 '결가부좌(結跏趺坐)'라고 합니다.

1. 방석 위에 앉습니다. 방석이 얇으면 접어도 좋습니다.
2. 오른쪽 다리를 왼쪽 허벅지 위에 올려놓습니다.

3. 왼쪽 다리를 오른쪽 허벅지 위에 올려놓습니다.

(※2번과 3번의 순서를 바꾸어도 상관없습니다.)

양다리를 허벅지 위에 올려놓기가 어려우면 한쪽 다리만 다른쪽 허벅지 위에 올려놓아도 됩니다. 이것을 '반가부좌(半跏趺坐)'라고 합니다. 사람마다 제각기 유연성이나 관절의 움직임 등이 다르기에 가부좌 자세가 어려울 수 있습니다. 자신의 몸을 생각하여 무리하지 않도록 해주세요. 반드시 가부좌를 해야 하는 것은 아닙니다. 가부좌를 하지 않는다고 해서 명상으로 감각을 깨울 수 없는 것은 아닙니다.

'월요 명상'으로 감각이 깨어나면 알아차리는 것이 늘어납니다

　혼자 명상을 하다 보면 잘하고 있는 것인지 아닌지 의문이 들 수도 있습니다. 지도를 받으면 하나하나 확인이 가능하지만, 집에서 혼자 하게 되면 확인해줄 사람이 없기 때문에 '이렇게 해도 괜찮은 걸까?'하고 불안해질지도 모릅니다.

　그러나 사실 잘했느냐 못했느냐는 별로 중요하지 않습니다. 지난번과 비교하였을 때 이번에는 손가락 끝의 감각을 느낄 수 있었다든가, 폐가 부풀어 오르는 것을 알았다든가, 평소와는 다른 소리가 들렸다든가, 새로운 냄새를 맡았다든가 등 자그마한 발견이 있다면 된 것입니다. '월요 명상'을 잘하고 있다는 증거입니다.

또한 '월요 명상'을 마쳤을 때 조금이라도 마음이 가라앉
았다든가 가뿐해졌다고 느꼈다면 대성공입니다. '월요 명
상'을 반복하면 나 자신을 포함하여 주변의 일 등 여러 가
지 세세한 것을 알아차릴 수 있게 됩니다.

예를 들어 어제 본 꽃봉오리가 오늘은 좀 더 부풀어 올
랐다든가, 우리 회사 대리님은 퇴근할 때마다 모두에게 인
사를 한다든가, 집 앞의 산은 다른 각도에서 보면 이렇게
보이는구나 등 지금까지 알아차릴 수 없었던 것을 알아차
린 내가 있을 것입니다.

어느새인가 알아차리는 것이 늘어나 있을 것입니다. 그
것도 '월요 명상'이 불러온 변화입니다. 그렇게 느끼는 순간
이 한 번이라도 있으면 조금씩 나의 마음과 가까이하는 방
법도 바뀌게 됩니다. 주위를 보는 시야도 현격히 넓어져서
보이는 세계가 달라집니다.

2장

‘월요 명상’으로
부정적 사고를
뇌에서 전환합니다

신경과학자가 일깨워준 '월요 명상'의 가능성

　제가 있는 료소쿠인에 일, 가족, 인간관계, 장래 등의 이유로 고민 상담을 하러 오시는 분에게 꼭 전하는 것이 있습니다. 그것은 '행복해지는 습관을 만들자'입니다.

　신경과학 분야의 선생님과 이야기한 적이 있습니다만 인간의 뇌에서 자주 사용하는 회로는 그렇지 않은 회로보다 쉽게 연결되는 경향이 있다고 합니다. 평소 긍정적 정보보다 부정적 정보를 많이 받아들이는 사람은 자연스레 불편하거나 싫은 정보를 찾아내거나 기억해내는 일이 많다는 것입니다.

말하자면 불행해지는 버릇입니다. 저와 상담을 하신 분들이 생각하던 '나쁜 일이 꼬리에 꼬리를 물어요'라는 인상은 과학적으로도 증명되었구나 하고 재차 느꼈습니다.

불안과 고민은 사라지기는커녕 항상 우리를 따라다닙니다. 시간이 흘러도 사라지는 것은 고사하고 오히려 점점 쌓여서 마음의 부담만 늘어납니다. 고민이 하나 해소되었다고 해도, 또 바로 다음 고민이 생겨서 우울하고 답답해집니다. 이러한 악순환은 뇌의 성질 때문입니다.

무의식적으로 뇌가 그렇게 기능한다면 의식적으로 받아들이는 방법이나 보는 각도를 바꾸면 됩니다. 저는 명상의 가능성을 그렇게 느꼈습니다.

부정적 상황을 초기화하고 되도록 감정 기복이 없는 상태로 되돌립니다. 정보 입력에 사용하는 감각을 의식적으로 단련하여 긍정적 정보를 적극적으로 받아들일 수 있도록 합니다. 그러한 의식과 습관을 명상으로 기를 수 있지 않을까 하고 생각했습니다.

신경과학에서는 명상이 사물을 받아들이는 방법이나 보는 각도에 좋은 영향을 줄 수 있다고 증명하고 있습니다.

마음챙김이 해외에서 인기를 얻게 된 계기도 유명한 기업인들의 라이프스타일(life style)로 소개된 것은 물론이거니와, 효과가 과학적으로 실증되고 있는 것도 크다고 생각합니다.

예를 들어 마음챙김 선생님(Mr. Mindfulness)이라는 별칭으로도 통하는 매사추세츠대학교 의과대학 존 카밧진(Jon Kabat-Zinn) 교수의 실험에 따르면 인지 요법과 명상을 통합한 스트레스 감소 프로그램인 MBSR(Mindfulness Based Stress Reduction program)을 8주간 실천하면 스트레스에서 해방될 뿐만 아니라 뇌 기능이 좋아지는 것으로 나타났습니다.

2009년 뉴욕의 의사 마이클 크래스너(Michael Krasner)의 발표에 따르면 의사 70명에게 마음챙김 프로그램을 실시한 결과 감정적 피로가 25퍼센트 개선되었다는 보고도 있습니다.

그렇지만 매일 명상하기를 제안해도 진입장벽이 높다고 생각하는 분이 많습니다. 명상을 세상에 널리 알리고자 하는 움직임은 진행중입니다. 저도 그 활동을 하는 한 명인데 생각보다 쉬운 일이 아닙니다.

그래서 생각해낸 것이 '월요 명상'입니다. '월요 명상'은 격식에 얽매이지 않아 자유롭고 편한 명상법입니다. 평소 명상하는 습관을 들여보세요.

편하게, 어깨 힘을 빼고, 형식에 구애받지 마세요. 이러한 마음을 담은 '월요 명상'에 대해 2장에서 자세하게 이야기 하려 합니다.

뇌를 행복하게 만드는 '월요 명상'

얼마 전 어떤 분이 저에게 "어쩜 그렇게 매일매일 행복을 찾으실 수 있는 건가요?"라고 물었습니다. 가만히 돌이켜보니 확실히 저는 행복하다고 느끼는 순간이 많은 듯합니다.

뜰에 있는 나무의 꽃눈이 돋아난 것을 보고 기뻐하거나 창문을 열었을 때 쏟아지는 햇살에 마음이 들뜨기도 합니다. 평소보다 차를 맛있게 끓였다거나 좋아하는 과자를 받아도 행복하다고 느낍니다. 딱히 제가 특별한 것이 아닙니다. 마음을 가다듬고 적극적으로 행복을 찾아내는 감각을 되찾으면 현관문을 여는 순간부터 누구나 행복과 마주칠 수 있습니다.

예를 들어 현관문을 열고 한 걸음 내디뎠는데 평소보다 컨디션이 좋다고 느낄 수도 있고, 길 건너편에 있는 집에서 나는 꽃향기를 맡을 수도 있고, 길거리에서 즐거운 듯 이야기하는 아이들의 목소리를 들을 수 있을지도 모릅니다.

사소하지만 행복해질 수 있는 일은 우리 가까이에 있습니다. 행복을 느낄 수 있는지 없는지는, 사실 우리 인생을 크게 좌우합니다. 왜냐하면 찬스를 찬스로 인식하고 붙잡을 수 있느냐로 이어지기 때문입니다.

앞에서도 말씀드렸지만 평소 부정적인 정보를 많이 받아들이는 사람은 부정적으로 생각하는 경향이 있습니다. 이를 방치하면 계속 부정적인 것만 보게 됩니다. 그렇기에 보고 느끼는 시점을 의식하여 긍정적인 방향으로 전환하려는 노력이 중요합니다.

이때 필요한 것이 작고 사소한 행복입니다. 실제로 명상을 하면 우리들의 머릿속에는 싫은 일, 좋은 일, 여러 가지가 계속 떠오릅니다. 행복을 느끼는 시간이 늘어날수록 긍정적인 생각이 많아져서 뇌가 긍정적으로 바뀝니다.

행복은 기다린다고 해서 찾아오는 것이 아닙니다. 행복은 자신의 힘으로 만드는 것입니다. 자기 자신이 적극적인 자세로 행복을 찾아내지 않으면 느끼기 어렵습니다. 그러기 위해서도 '월요 명상'으로 마음을 재부팅해 행복을 붙잡을 수 있는 감각을 되돌리는 것이 중요합니다.

의식적으로 행복을 느껴보세요. 이것이 행복해지는 습관입니다. 여러분도 '월요 명상'으로 행복해지는 습관을 길러보세요.

스스로 감사한 마음을 찾습니다

행복해지는 습관을 기른다니 구체적으로 어떻게 하면 되는 거야? 분명 여러분은 궁금해하고 계시겠지요. '월요 명상'으로 마음을 재부팅하는 습관이 생긴 여러분에게 꼭 추천하고 싶은 것이 있습니다. 마음의 재부팅으로 본래 기능을 되찾은 감각을 충분히 이용해 더욱 적극적으로 가까이에 있는 행복을 느끼셨으면 합니다. 그것이 행복해지는 습관으로 이어집니다.

제가 추천하는 것 가운데 하나가 '감사'입니다. 우리는 상대방에게서 상냥함이나 친절함을 느꼈을 때 감사하는 마음을 가집니다. 고마운 마음을 "감사합니다"라는 말로 전하기도 하고 고개를 숙여 몸으로 표현하기도 합니다. 상대방이 눈앞에 없을 때는 마음속으로 고맙다고 말할지도 모릅니다. 여러분도 지금까지 살아오면서 수없이 감사한 일을 겪었을 것입니다.

곤란한 상황에 부닥쳤을 때나 약속 시간에 늦을 것 같아서 안절부절하고 있을 때 도움을 받았다던가 꾸준히 하는 일을 칭찬받았던 적도 있었을 것입니다. 혼자가 아니라는 것을 느낄 수 있거나 다른 사람에게 내가 얼마나 소중한 사람인지를 느끼거나 하면 행복한 기분이 듭니다. 그러한 마음이 따뜻한 감사입니다. 그런데 그 대부분이 수동적이라는 것을 알고 계셨나요?

지금까지 이야기한 감사의 마음은 모두 상대방의 행동에서 비롯되는 것입니다. 그러나 감사한 마음을 느끼는 데 반드시 상대방의 행동이 필요한 것은 아닙니다. 감사할 때의 행복한 기분을 스스로 찾아내는 것도 가능합니다. 우리 주위에 있는 사람, 물건, 일상, 환경 등 모든 것에 감사할 수 있기 때문입니다.

어렵게 생각하지 않아도 됩니다. 자그마하다고 생각되는 일에도 감사하다고 생각해봅시다. 오늘은 무엇에 감사하자고 정해두는 것도 좋을 듯합니다.

예를 들어서 오늘은 오랫동안 보지 못한 가족이나 친척을 떠올려보면 어떨까요? 학교에 다닐 때 많이 도와주셨던 선생님이나 입사했을 때 많이 도와준 사수를 떠올려보는 것도 좋겠지요. 공기나 물처럼 너무 당연해서 잊고 있었던 존재에 대해서도 감사한 마음을 느껴보면 좋을 듯합니다.

항상 가지고 다니는 스마트폰에도 감사할 수 있습니다. 스마트폰이 일상생활에 얼마나 많은 도움을 주는지 생각해보세요. 아무 때나 친구들과 연락할 수 있는 것도, 알고 싶은 것을 바로 검색해볼 수 있는 것도, 지갑을 꺼내지 않고 쇼핑할 수 있는 것도, 좋아하는 드라마나 영화를 어디서나 볼 수 있는 것도, 전부 스마트폰 덕분입니다.

꼭 '감사합니다'라는 마음을 전해보세요. 세상에는 사람, 물건, 일상, 환경 등 감사할 것이 셀 수 없을 정도로 많습니다. 자신을 지탱해주는 모든 것들에 적극적으로 감사하면 언제라도 행복함을 느낄 수 있습니다.

'잘 먹겠습니다'와 '잘 먹었습니다'로 하루에 여섯 번 행복해집니다

감사한 마음을 간단하게 찾아내는 방법은 그 밖에도 있습니다. 그것은 식사할 때 말하는 '잘 먹겠습니다'와 '잘 먹었습니다'라는 인사입니다. 듣고 나서야 새삼스럽게 '아, 그랬지' 하고 생각하는 분이 많을지도 모릅니다. 그동안 '잘 먹겠습니다'도 '잘 먹었습니다'도 말하지 않았던 것을 깨달은 분이 계실지도 모르겠네요.

'잘 먹겠습니다'와 '잘 먹었습니다'는 매우 아름다운 감사의 마음을 담은 말입니다. '잘 먹겠습니다'라는 말은 '덕분에 저는 살아갈 수 있습니다. 감사합니다'라는 뜻을 담고 있습니다. 눈앞의 음식에 감사한 마음을 전하는 말이지만 본래는 더 많은 것에 감사하는 말이기도 합니다.

눈앞의 음식이 채소든 고기든 생선이든 식탁에 올라오기 전까지 여러 곳에서 도움을 받았을 것입니다. 예를 들어 채소를 키우기 위해서는 비옥한 토양, 햇빛, 물이 필요하고 재배하는 분들도 매일 보살펴주셨을 것입니다. 그러한 자연이나 사람의 보살핌, 모든 것에 감사하는 인사가 바로 '잘 먹겠습니다'입니다.

'잘 먹었습니다'도 마찬가지로 식사를 준비해준 사람뿐만 아니라 식재료가 요리로 식탁에 올라올 때까지 도움을 준 사람들에게 전하는 감사의 말입니다. '잘 먹겠습니다'도 '잘 먹었습니다'도 어릴 때 부모님에게 배운 훌륭한 습관입니다. 식사할 때 잊지 말고 '잘 먹겠습니다'와 '잘 먹었습니다'라고 인사해보세요. 하루 세끼를 드시는 분은 '잘 먹겠습니다'와 '잘 먹었습니다'만으로 하루에 여섯 번이나 감사의 인사를 할 수 있습니다.

사실 '잘 먹겠습니다'와 '잘 먹었습니다'라고 말하는 시간은 달리 생각하면 명상하는 시간도 됩니다. '잘 먹겠습니다'

와 '잘 먹었습니다'라고 말할 때 아주 짧은 시간이라도 괜찮으니 꼭 합장하듯 두 손바닥을 마주 붙여보세요. 그리고 오른손으로 왼손을, 왼손으로 오른손을 느껴보세요. 분명 마음이 차분해지고 감각을 깨우는 스위치를 켤 수 있으리라 생각합니다.

'월요 명상'으로 깨운 감각을 꾸준하게 유지하기 위해서도 식사할 때의 감사 인사와 같은 자그마한 스위치는 매우 중요합니다. 잊지 말고 식사할 때마다 감사의 인사를 해보세요.

하루에 하나씩 아름다움을 발견할 때마다
여러분의 마음과 감각은 아름다워집니다

　가까이에 있는 행복을 적극적으로 느끼기 위해 제가 추천하는 또 하나의 방법은 '아름다움'을 찾는 것입니다. 감사할 때와 마찬가지로 무언가를 아름답다고 생각하며 바라볼 때 짜증이 난다거나 화가 나는 일은 없을 것입니다. 아름다움도 스스로 찾아낼 수 있습니다.

　아름다움을 매일 하나씩 찾아보는 습관을 길러보면 어떨까요? 아름다움을 찾아낼수록 그만큼 더 행복해집니다. 수목원, 미술관, 박물관과 같은 곳을 굳이 찾지 않아도 일상생활 속에서 아름다움은 얼마든지 찾을 수 있습니다.

한번 방안에서 찾아볼까요? 늘 사용하는 밥그릇, 접시, 젓가락과 같은 식기류는 어떤가요? 책상 위에 있는 볼펜, 노트, 메모장 등의 문구류도 있습니다. 가만히 바라보면 기능성을 고려한 독특한 모양이라던가 깊은 색감 등 '아름답다'고 느끼는 부분이 분명히 있을 것입니다.

물론 아름답다고 느낄지 어떨지는 사람마다 다르므로 무리하게 '아름답다'고 느낄 필요는 없습니다. 다만 '월요명상'으로 마음이 안정되고 감각을 되찾으면 어제는 아무렇지도 않았던 것이 오늘은 아름답게 느껴질지도 모릅니다.

밖에 나가면 아름다움을 가진 대상은 현격히 많아집니다. 하늘을 올려다보세요. 오늘 떠 있는 구름은 어떤 모양인가요? 파란 캔버스에 한 번의 붓 터치로 그린듯한 구름입니까? 아니면 뭉게뭉게 피어오르는 구름입니까? 구름 모양을 보고 아름다움을 느낄 수도 있고 구름이 흐르는 모습을 아름답게 느낄 수도 있습니다.

이번에는 발밑을 볼까요? 항상 다니는 길에 화초가 몇 종류나 있는지 생각해본 적이 있습니까? 도로변에 조용히 피어 있는 작은 꽃도 있습니다. 화사한 꽃뿐만 아니라 잎사귀의 잎맥 부분도 자세히 살펴보면 아름답다고 느낄 수 있습니다. 때로는 종류가 다른 화초로 바뀌기도 하고 또한 화초는 계절마다 모습이 바뀌기 때문에 우리의 눈을 즐겁게 해줍니다.

상담하다 보면 이렇게 말씀하시는 분이 꽤 계십니다. "저의 내면을 들여다보면 볼수록 번뇌로 가득 차 있는 것 같아요. 저는 좋은 사람이 아닌가 봐요. 어떻게 하면 바꿀 수 있을까요?"

저도 그렇지만 가슴에 손을 얹고 생각해봤을 때 누구라도 양심의 가책을 느낀다거나 후회하는 일은 적어도 분명히 한두 가지 있을 것입니다. 이 세상에 참된 의미로 청렴결백한 사람을 찾기란 하늘의 별 따기라고 생각합니다.

그러한 상담을 할 때 저는 "오늘 집에 돌아가는 길에 아름다움을 하나 찾아보세요"라고 말씀드립니다. 무언가를 보고 아름답다는 생각이 들었다면 아름다움을 볼 수 있는 마음을 가진 것입니다. 예를 들어 구름을 보고 예쁘다는 생각이 들었다면 그렇게 생각할 수 있는 자기 자신이 있는

것입니다. 아름다움을 느끼는 감각이 제대로 기능하고 있
다는 증거입니다.

그러한 고민을 하는 분이 많은 이유는, 어떤 계기로 인해
기분이 부정적으로 바뀌면 뇌에서 자주 사용하는 회로에
연결되기 쉬운 성질 때문에 부정적인 정보만 받아들이게
되어서 기분이 더욱 가라앉기 때문입니다. 말하자면 행복
을 느끼는 감각이 닫혀 있는 상태입니다.

그럴 때일수록 '월요 명상'으로 마음을 가다듬고 행복을
찾아내는 감각을 깨워서 감사와 아름다움을 발견하자는
목표를 정해보세요. 나 자신은 나 자신이 생각하는 것보다
분명 아름다운 사람일 것입니다.

스스로 노력하지 않으면 가까이에 있는 행복을 볼 수 없습니다

"주체성이 부족하다는 말을 자주 듣습니다. 주체적으로 살려면 어떻게 해야 할까요?" 이렇게 말씀을 하시는 분도 많아졌습니다. 주체적인 삶. 여러분은 어떤 이미지를 떠올리십니까? 혹시 주체적인 삶은 자신감을 가지고 스스로 목표를 세워서 그 목표를 달성하기 위해 열심히 사는 것과 같은, 대단해 보이는 삶의 방식이라고 떠오르십니까? 저와 상담을 하신 분들 대부분이 그렇게 생각하고 있었습니다.

그러한 분들께 저는 이렇게 이야기합니다. "우선 자신이 가진 감각을 깨워서 주위를 느끼는 것부터 시작해봅시다."

주체적인 삶은 자신의 감각으로 느끼는 것을 소중히 여기면서 사는 것이 아닐까요? 그것만으로도 세상이 다르게 보이고 마음에 여유가 생깁니다.

감각을 깨워서 주위를 느끼려고 하면 봄꽃만으로도 일년을 즐길 수 있고 마음이 넉넉해집니다. 봄꽃이 필 무렵이면 개화 시기를 알리는 뉴스가 흘러나옵니다. 모두 봄꽃 소식에 설레하지만 저는 꽃봉오리도 보이지 않는 겨울 즈음부터 봄꽃을 기다리고 있습니다.

여러분은 겨울에 벚나무를 자세히 본 적이 있습니까? 꽃이 지고 난 후의 벚나무를 관심 있게 보는 분은 별로 없을지도 모르겠습니다. 겨울이 되면 잎도 모두 떨어져서 앙상하게 보일지 모르지만 줄기를 보면 조금씩 회색으로 변해가는 것을 알 수 있습니다. 제 상상이지만 봄에 예쁜 꽃을 피우기 위해 에너지를 비축하는 듯합니다. 가지로 눈을 돌리면 여름에 생긴 꽃눈이 내년 봄을 위해 조용히 쉬고 있습니다. 그리고 2월 후반이 되면 꽃봉오리가 조금씩 부풀어 오르기 시작합니다. 그때부터 개화할 때까지는 텔레비전에서 보여주는 대로입니다. 꽃봉오리를 같은 장소에서 꾸준히 관찰하면 하루하루 달라지는 것을 발견할 수 있습니다.

딱히 특별한 일을 하는 것이 아닙니다. 자신의 감각을 깨워서 자신과 가까운 곳에 있는 행복을 적극적으로 찾아내는 것입니다. 자신의 감각을 사용해 주위를 느끼려고 하는지 아니면 그 반대인지의 차이가 행복해질 수 있을지 없을지를 결정합니다. 봄꽃뿐만 아니라 여러분 가까이에도 마음을 넉넉하게 해줄 무언가가 분명히 있을 것입니다. 꼭 적극적으로 주위를 느끼며 행복을 찾아보세요. 그것이 주체적으로 살아가는 첫걸음이 됩니다.

고민을 상담하러 오시는 분에게 제가 해드리는 일

저에게 상담하러 오시는 분들의 고민은 일, 인간관계, 연애 등 다양합니다. 지금 이 글을 읽고 있는 분들 가운데에서도 비슷한 고민을 하는 분이 계실지 모릅니다. 그러한 상담을 받았을 때 제가 어떤 이야기를 하는지 살짝 알려드리려 합니다.

상담하러 오신 분에게 제가 가장 처음 하는 질문은 "매우 좋은 상태를 100점이라고 할 때 지금은 몇 점 정도입니까?"입니다. 그러면 "20점 정도예요"라던가 "60점 정도 같아요"라는 대답이 돌아옵니다. 나쁜 상태를 수치화하는 데는 두 가지 목적이 있습니다. 한 가지는 상태를 수치로 나타내면 고민을 객관적으로 바라볼 수 있어서 생각하기 쉬워진다는 점입니다.

상담하러 오신 분들은 "너무 고민이에요", "엄청나게 걱정돼요", "무지하게 힘들어요" 등 고민의 정도를 "너무", "엄청나게", "무지하게" 와 같은 말로 표현합니다만 이는 대략적인 감각에 지나지 않습니다.

그러나 점수를 매기면 고민할 때의 상태가 좋은 상태일 때와 비교해 20점인지 40점인지 60점인지 객관적으로 평가할 수 있게 됩니다. 고민거리를 다시 생각해보게 되는 것이지요. 이것이 마음을 편하게 만드는 첫걸음입니다.

드문 경우지만 이 단계에서 생각보다 점수가 나쁘지 않다고 느껴서 고민이 사라졌다고 말하는 분도 계십니다. 상태를 수치화하는 데 또 한 가지 목적은 어떤 일을 한 후에 다시 점수를 매겨보기 위해서입니다.

현재 상태를 수치로 나타낸 후의 이야기를 해드리겠습니다. 점수를 매긴 후에 상담하러 오신 분에게 자세한 고민거리를 듣습니다. 예를 들면 다음과 같은 고민을 이야기합니다.

"과장님이 중요한 고객사의 기획서를 맡기셨어요. 얼마 전에도 큰 계약을 한 고객사인데 제 실수로 기획서에 회사 이름을 잘못 적었어요. 그 후로 과장님을 볼 때마다 너무 죄송스럽고 고객사에서 질책받은 과장님도 계속 화가 나 있는 상태여서 회사를 그만두어야 할지 고민이에요"

이 말을 들은 저는 "기획서에 중요한 고객사의 이름을 잘 못 적어서 과장님이 계속 화가 나 있다고 생각하시는군요" 라고 호응하며 상담하러 오신 분의 이야기를 요약하고 확인하면서 귀담아듣습니다.

"유학을 가고 싶어서 재작년부터 저축도 하고 어학원도 다니고 하던 일도 정리했어요. 그런데 갑자기 부모님이 유학 가기 직전에 엄청 반대하셨어요. 지금 유학을 가서 앞으로 뭘 할 거냐고 하세요. 걱정하시는 건 알겠지만 부모님을 설득하기도 힘들고 어떻게 해야 할지 모르겠어요."

이러한 상담을 받았을 때도 "재작년부터 유학준비를 하셨는데 직전에 부모님께서 많이 반대하셔서 어찌해야 할지 고민이시군요"라고 대답하며 들은 이야기를 정리하고 확인합니다.

이렇게 이야기를 나누다가 상담하러 오신 분이 고민을 거의 다 털어놓았다고 느꼈을 때 "괜찮으면 정원에 나가보실래요?" 하고 말을 꺼냅니다. 함께 정원을 거닐면서 "무언가 눈에 들어오는 것이 있나요?"라고 물어보면 "저기 있는 나무가 예뻐요" "저 꽃은 색이 선명하네요" "저 돌은 독특하게 생겼어요" 등과 같은 대답이 돌아옵니다. 그렇게 눈길이 가는 것을 하나씩 찾아봅니다.

그때 "지금 기분은 어떠세요?"라고 물어보면 대부분 "진짜 좋아요. 이런 환경에 둘러싸여 있으면 고민도 사라질 것 같아요"라고 대답합니다.

어느 정도 정원을 둘러본 뒤에 방으로 돌아와 차를 마시며 이야기를 계속합니다. "지금 끓인 차는 교토의 유명한 다원에서 받은 녹차입니다. 오늘은 갓 따온 찻잎으로 끓여보았는데 어떠세요?" 하고 물어보면 "향이 너무 좋네요. 이런 시간은 정말 소중해요"라고 대답합니다.

그때 저는 상담하러 오신 분에게 이렇게 물어봅니다. "지금 기분을 점수로 매긴다면 몇 점입니까?" 그러자 "80점이에요"라는 답이 돌아옵니다. 여기에서 나오는 점수는 처음 질문에 대답한 점수보다 확실히 높습니다. 상담을 시작했을 때보다 마음 상태가 좋아졌다는 뜻입니다.

저는 상담하러 오신 분의 이야기를 귀담아들은 후에 나란히 정원을 거닐다가 방으로 돌아와서 함께 차를 마셨을 뿐입니다. 기적을 일으킨 것도 아니고 신기한 마법을 부린 것도 아닙니다. 하지만 상담하러 오신 분은 상담을 시작하기 전보다 훨씬 부드러운 표정을 짓고 있습니다.

'지금'이라는 시간이 짧아지면 고민은 점점 줄어듭니다

저는 상담하러 오신 분의 '지금'이라는 시간을 줄여드렸을 뿐입니다. 조금은 어려우실까요? 알기 쉽게 설명해드리겠습니다.

'지금'이라는 시간을 '이 순간'이라고 생각하시는 분이 많습니다. 그러나 제가 상담을 시작하면서 "지금 상태는 몇 점입니까?"라고 질문했을 때, 상담하러 오신 분이 생각하던 '지금'은 그 순간만이 아니라 좀 더 긴 시간이었습니다.

추측하건대 나쁜 상태로 바뀐 순간부터의 시간, 그 후로도 이어질 나쁜 상태의 시간을 전부 묶어서, 그 시간이 몇

주일지 몇 달일지 몇 년일지는 모르겠지만 '지금'으로 포함
돼 점수로 매겨졌을 것입니다.

이처럼 '뭔가 잘 안 풀리네'라고 느끼는 사람은 대부분
'지금'이 깁니다. 고민이 깊은 사람은 3개월 전부터도 계속
'지금'이고 한 달 후에도 일 년 후에도 '지금'이라고 느낄 것
입니다. 마음이 무거운 이유는 고민거리가 내일도 모레도
계속될 것으로 생각하기 때문입니다.

한편 정원을 보고 돌아와서 차를 마시며 점수를 매겼을
때의 '지금'은 어떨까요? 그때의 '지금'은 차를 마시고 있는
순간입니다. "향이 너무 좋네요"라고 긍정적으로 대답했으
니 마음 상태가 나쁠 리 없습니다. 자연스럽게 점수가 좋아
지는 것이지요.

진정한 마음이 있는 '지금'으로 되돌아가면 고민은 순식
간에 사라집니다. 고민하는 것은 '지금'이 아니기 때문입니
다. '지금'이라는 시간을 줄인다는 것은 그런 뜻입니다. 물
론 마음에 상처로 남아 계속 떠오르는 고민거리가 머릿속
에서 바로 사라지는 일은 없습니다. 시간이 지나면 또다시
생각납니다.

그럴 때는 다시 '지금'으로 시간을 돌려주세요. 그리고 감각을 깨워서 주위에 있는 행복을 느끼는 것입니다. 소리여도 좋고 향기여도 좋고 무언가를 보는 것도 좋겠지요. 맑은 소리를 듣거나 꽃향기를 맡거나 아름다운 것을 보면, 그 순간 다시 고민거리는 머릿속에서 사라집니다.

'지금'이 3개월이라면 한 달, 일주일, 하루, 오전, 한 시간, 일 분으로 점차 짧아집니다. '월요 명상'에서 손이나 호흡으로 의식을 돌리는 것도 그 연습입니다. 명상할 때 무언가 머릿속에 떠올라도 손이나 호흡으로 의식을 돌리면 그 순간 머릿속에 떠오른 것이 사라질 것입니다.

'월요 명상'은 '고민'으로 길어질 수 있는 '지금'을 줄이는 연습입니다. 그것을 반복함으로써 조금씩 '고민'을 줄여봅시다.

뇌는 불안을 느끼는 순간, 멈출 수 없게 됩니다

"앞날에 대한 희망이 없어서 불안한 마음이 드는 것은 저뿐일까요?"라는 상담을 받는 일도 있습니다. 막연한 불안감이나 초조함은 누구나 느낍니다. 앞에서도 소개해드렸습니다만 신경과학자의 말에 따르면 원래 인간의 뇌는 불안을 느끼게 되어 있다고 합니다.

현재 그 메커니즘이 뇌과학 분야에서 밝혀지고 있지만 무언가를 두려워하면서 사는 것이 인간입니다. 그것은 인간으로서 살아가는 데 있어서 필요한 장치일지도 모릅니다. 무언가를 두려워하는 능력이 있었기에 미리 위험을 감지하고 살아남을 수 있었습니다.

원시시대에 인간이 느낀 불안은 생존과 직결된 것이었습니다. 불안을 느낄 수 있었기에 언어가 생겼으며 집단으로 생활하면서 자신을 보호하기 위한 무기를 만들었다고 생각합니다. 그러한 먼 옛날과 비교하면 지금 우리의 생존이 위협받는 일은 거의 없을 듯합니다. 그런데도 불안을 느낍니다. 그리고 그 불안 때문에 사는 것이 괴롭기도 합니다.

그것도 앞서 말한 고민거리와 마찬가지로 '지금'이 길기 때문입니다. 불안이란 위기를 감지하는 능력과 같은 것이지만 그 위기를 무의식적으로 상상하기도 합니다. 상대방이 기뻐할 것으로 생각해서 고른 선물이지만 혹시나 안 받겠다고 하면 어떻게 하지? 라든가, 내일 회사 프레젠테이션에서 실수라도 하면 계약도 못 하고 회사에서 잘릴지도 모른다든가 하는 상상입니다.

그러한 상상은 머릿속에서 만든 시나리오일 뿐입니다. 상상한 시나리오에 마음이 흐트러져서 불안을 느낄 뿐입니다. 그럴 때도 '지금'으로 돌아갑니다. '지금'으로 돌아가서 행복을 느끼면 불안은 점점 작아집니다.

불교에 '안심(安心)'이라는 말이 있습니다. 불교에서 말하는 안심은 누군가로부터 받는 것이 아니라 자기 내면에 있으며 스스로 깨닫는 것입니다. '월요 명상'으로 감각을 깨워서 행복을 느끼는 것은 '안심'을 얻는 하나의 방법이기도 합니다.

명상은 더 나은 삶을 위한 하나의 방법입니다

　명상을 하면 어떤 점이 좋습니까? 자주 받는 질문이지만 대답하기가 조금 어렵습니다. 명상을 시작하고 나서 일이 잘 풀린다든가 건강해졌다든가 친구가 많아졌다든가 하는 직접적인 결과로 이어지지 않기 때문입니다.

　근육 운동을 했더니 근육이 생겼다든가 유명한 다이어트법으로 다이어트를 했더니 살이 빠졌다든가 하는 것처럼 눈에 보이는 결과가 바로 나타나는 것도 아닙니다. 그렇지만 자그마한 행복을 깨닫거나 느낄 수 있게 되어서 결과적으로 하는 일이 원활하게 풀린다든가 일의 능률이 오른다든가 인간관계가 좋아지는 등 마음 상태가 좋아질 수 있습니다.

적어도 '월요 명상'을 시작함으로써 지금까지의 자신보다 온화해지고 행복을 느끼는 알찬 시간이 늘어날 것은 틀림없습니다. '월요 명상'은 자신이 자신답게 행복해질 준비를 하는 것입니다. 그렇게 생각하는 편이 가장 좋을지도 모릅니다.

'월요 명상'의 첫 번째 목적은 월요일 아침에 마음을 재부팅하는 것입니다. 감각을 깨우는 것이지요. 최종 목표는 자신의 마음을 밖에서 바라볼 수 있도록 하는 것입니다. '월요 명상'은 주 1회 스스로를 격려하고 찬스를 잡기 위해 마음을 가다듬는 훈련이라고도 할 수 있습니다.

결과적으로 자신의 성장과 꿈을 이루는 데 도움이 될 것입니다. 그리고 자신이 느끼는 행복이 늘어나면 행복이 꼬리에 꼬리를 물고 순환하면서 더 나은 삶을 누릴 수 있게 됩니다. 그러한 이미지를 떠올리는 것도 좋을 듯합니다.

3장

'생활 명상'으로
마음과 머릿속을
항상 정돈합니다

언제 어디서나 만들 수 있는 '명상 시간'

한 주를 시작할 때 '월요 명상'으로 마음을 재부팅합니다. 지난주에 있었던 안 좋은 일이나 스트레스로 흐트러지고 무디어진 감각을 깨워서 정돈합니다. '월요 명상'으로 마음을 재부팅해도 평소 일상이 시작되면 아무래도 짜증이 난다거나 화가 나거나 슬퍼지기도 합니다. 마음의 짐이 무거울 땐 '월요 명상'으로 깨운 감각이 일주일 동안 지속되지 않을 수도 있습니다. 때에 따라서는 화가 난 감정이나 고민에 사로잡히기도 합니다.

그럴 때마다 깨어난 감각이 다시 조금씩 무뎌집니다. 그

때 꼭 해보셨으면 하는 것이 '생활 명상'입니다. '월요 명상'과 함께 '생활 명상'도 해보시기를 권합니다.

사실 행복을 찾아내는 감각은 평소에도 세세하게 조정할 수 있습니다. 저는 그것을 '생활 명상'이라 부르며 일상생활에서 적극적으로 활용하고 있습니다. 매주 월요일 아침에 마음을 재부팅해도 생활하다 보면 아무래도 마음이 휘둘리게 됩니다. 그럴 때마다 기껏 되찾은 감각이 다시 무디어집니다. 그렇기에 하루하루를 보내면서 짧은 간격으로 감각을 정돈하는 습관을 들이는 것은 매우 바람직합니다.

매일 좌선을 하는 스님들 가운데에서도 일상생활을 하면서 틈틈이 명상하는 분이 적지 않습니다. 그렇게 함으로써 마음과 감각을 가장 좋은 상태로 유지하는 것입니다. 제가 있는 절의 좌선 체험에 정기적으로 참여하시는 분들이 계십니다만 "며칠이 지나면 다시 평소의 저로 돌아와 있어요"라고 말씀하시는 경우가 있습니다. 그럴 때도 저는 "평상시에 명상하는 시간을 만들어보세요"라고 조언합니다.

그렇다면 어떠한 방법이 있을까요? 제가 하는 방법을 예로 들자면 차를 끓일 때, 요리할 때, 청소할 때 등 이른바

'집안일'을 이용합니다. 저는 그것을 '집안일 명상'이라고 부릅니다. 그밖에도 산책이나 몸단장을 할 때 가능한 방법도 있습니다. 지금부터 자세히 소개하겠습니다.

생활 습관을 살짝 업그레이드한
'생활 명상'

　'생활 명상'은 '월요 명상'으로 재부팅해서 정돈한 감각을 일상생활 속에서 유지하고 세세하게 조정하는 방법입니다. 몇 가지 구체적인 방법을 소개하려 합니다. 그대로 따라 하셔도 좋고 자신이 하기 쉽도록 바꾸어도 괜찮습니다.

　'생활 명상'의 핵심은 두 가지입니다. 하나는 오감(五感)을 이용하는 것입니다. 귀로 듣고 냄새를 맡고 손으로 만져보고 직접 보는 등 어떤 감각을 사용하든지 상관없습니다. 다른 하나는 동작을 어렵게 바꾸는 것은 아니지만, 과정을 길게 즐기는 것입니다.

뒷부분에 소개할 '차 명상'을 예로 들어보겠습니다. 찻잔에 티백을 넣고 뜨거운 물을 부으면 간단하게 마실 수 있는 차가 있습니다. 그러나 그렇게 하지 않고 찻주전자를 사용하여 정성스럽게 차를 끓입니다. 그리고 '식사 명상'은 입에 음식을 넣고 바로 씹는 것이 아니라 30초 정도 기다립니다. 이렇게 생활습관을 조금씩 바꾸어서 명상할 시간을 만드는 것입니다.

우리의 생활은 점점 편리하고 편안하고 쾌적해지고 있습니다. 마트에서 파는 히트상품 가운데 상당수는 바쁜 일상을 고려해 '시간 단축'을 실현한 제품입니다. 우리의 생활이 편리하고 쾌적해지는 것은 좋은 일이지만, 모든 것을 버튼 하나로 조작할 수 있다거나 음성으로 다룰 수 있게 되면 오감은 무디어집니다. 그래서 일부러 시간을 들여서 감각을 되살리는 것입니다.

지금부터 소개할 '생활 명상'은 일상생활 속에서 항상 하는 일에 시간을 좀 더 들여서 명상 시간으로 만드는 것을 말합니다. 매일 바쁘게 지내는 분도 무언가를 하는 김에 혹은 쉬면서 해보면 좋을 것입니다. 꼭 해보셨으면 합니다.

'생활 명상'은 '월요 명상'처럼 월요일 아침이라는 시간 제약이 없습니다. '감각이 조금 흐트러진 것 같아'라든가 '오늘따라 마음이 뒤숭숭하네'라고 느낄 때 가볍게 해보시면 좋을 듯합니다.

'월요 명상'과 '생활 명상'으로 디지털 디톡스(Digital Detox)

'월요 명상'에 이어 '생활 명상'까지 습관으로 기르면 저절로 디지털 디톡스도 됩니다. 디지털 디톡스는 스마트폰이나 컴퓨터와 같은 디지털 기기에서 일정 시간 멀어져 스트레스나 피로를 줄이는 것입니다.

여러분 가운데에서도 스마트폰이나 태블릿을 손에서 놓지 못하는 분이 많을 듯합니다. 아침부터 저녁까지 일 때문에 모니터를 봐야만 하는 분도 계시겠지요. 재택근무가 일상이 되어 회의를 온라인으로 하는 분도 많습니다. 예전과 비교해 디지털 기기를 사용하는 시간이 늘어났습니다.

평소 여러분도 스마트폰에 많은 도움을 받고 있으리라 생각합니다만 디지털 기기의 과다한 사용은 건강에 나쁜 영향을 끼친다는 사실도 알고 계실 듯합니다. 수면의 질이 떨어진다든가 눈이 쉽게 피로해지고 시력 저하로 이어져 편두통을 유발한다고도 알려져 있습니다.

디지털 기기의 사용 빈도가 높은 10대를 대상으로 한 조사에 의하면 그렇지 않은 대상보다 주의력결핍 과잉행동장애(ADHD)가 나타날 가능성이 2배 이상 높다는 보고도 있습니다. 디지털 기기에서 멀어지려고 해도 그렇게 할 수 없는 상황에 놓인 사람들에게 디지털 디톡스는 어렵습니다.

그렇기에 강제로 스마트폰이나 컴퓨터에서 멀어지는 명상 시간이 효과 있는 것입니다. 매주 월요일 아침 약 5분에 더해 언제든지 가능한 '생활 명상'은 소중한 디지털 디톡스 시간입니다. 일정 시간 디지털 기기에서 멀어지는 것뿐만 아니라 디지털 기기로 무뎌진 오감을 되살리는 시간도 됩니다.

일상의 시간을 명상 시간으로 바꾸는 '집안일 명상'

　일상생활에서 할 수 있는 '생활 명상'에 대해 구체적으로 알려드리겠습니다. 첫 번째로 '집안일 명상'을 소개하고자 합니다. '집안일 명상'은 점점 편리해지고 간단해지는 집안일을 일부러 여유롭게 하면서 명상 시간으로 만드는 방법입니다.

　커피나 차 끓이기, 채소 손질, 식기 정리, 청소, 택배를 개봉하거나 할 때 힘을 들이지 않고 편리한 도구들을 이용하는 분이 많을 듯합니다. 하지만 그러한 도구를 사용하지 않고 천천히 해보는 것입니다.

찻주전자로 차를 끓이는 '차 명상'

'차 명상'은 찻잔에 티백이나 분말을 넣고 뜨거운 물을 부어 간단하게 차를 만드는 것이 아니라 찻주전자를 갖추고 정성스럽게 차를 끓이며 하는 명상입니다.

준비물이 세 가지 필요합니다.

· 찻주전자(투명한 유리 제품이면 찻잎의 움직임도 볼 수 있습니다)

· 찻잎   · 찻잔

① 주전자로 물을 끓입니다

물을 팔팔 끓입니다. 물을 끓이는 동안 주전자에 귀를 기울이고 있으면 끓기 직전부터 소리가 바뀌는 것을 알 수 있습니다.

② 끓인 물을 찻잔에 따릅니다

찻잔은 마실 사람의 수만큼 준비하고 찻잔을 채우는 물

소리에 귀를 기울입니다. 눈으로 물의 양을 가늠하면서 찻잔의 70~80퍼센트 정도까지 따릅니다.

③ 찻주전자에 찻잎을 넣습니다

찻잎이 담긴 통을 열면 은은한 차 향기가 납니다. 찻숟가락으로 찻잎을 한 명분 떠서 찻주전자에 넣습니다. 마실 사람의 수만큼 반복합니다.

④ 찻잔에 따른 물의 온도를 확인합니다

녹차, 말차, 엽차 등 찻잎 종류에 따라 적합한 온도가 다릅니다. 찻잔을 만져보면서 온도를 확인합니다. 찻잔에 따른 물을 식히는 방법은 찻잔의 종류, 방의 온도, 계절에 따라 다릅니다.

⑤ 식힌 물을 찻주전자에 붓습니다

찻잔을 들어서 찻잎을 넣은 찻주전자에 따릅니다. 찻잎은 물에 닿으면 색이 변하고 조금씩 퍼집니다.

⑥ **식힌 물을 모두 부으면 찻주전자의 뚜껑을 덮고 1분 기다립니다**

눈을 감고 향기에 집중해도 좋고 찻주전자 무늬를 관찰해보는 것도 좋습니다. 유리로 된 찻주전자라면 찻잎이 퍼지는 모습을 볼 수도 있습니다.

⑦ **차를 찻잔에 따릅니다**

찻주전자의 손잡이를 가볍게 잡습니다. 한 번에 따르는 것이 아니라 여러 번 나누어서 따릅니다. 찻잔이 여러 개라면 균등하게 나누어 따릅니다.

⑧ **정성스럽게 끓인 차와 마주합니다**

물이 끓고 나서 5분 정도 걸리는 '차 명상'을 반복하다 보면, 찻잎의 양이나 물의 온도가 달라질 때마다 맛이나 향도 달라진다는 것을 깨닫게 됩니다.

직접 원두를 갈아서 커피를 내리는 '커피 명상'

커피는 커피머신이 있으면 버튼 하나로 간단하게 만들 수 있습니다. 인스턴트 커피라면 커피잔에 가루로 된 원두를 넣고 뜨거운 물을 붓기만 하면 바로 마실 수 있습니다. '커피 명상'은 커피 원두를 갈면서 시작합니다.

준비물은 크게 세 가지입니다.

· 커피 원두   · 수동식 원두분쇄기(Hand Coffee Grinder)

· 드립커피(Drip Coffee) 도구 (종이필터, 드립퍼, 드립서버)

① 원두를 분쇄합니다

적당량의 원두를 분쇄기에 넣고 핸들을 돌리면서 천천히 원두를 갑니다. 원두분쇄기가 돌아가는 소리, 원두가 갈리면서 핸들을 잡은 손에 전해지는 감각, 향긋하게 퍼지는 커피 향기를 느낍니다. 이것만으로도 충분히 오감을 자극할 수 있습니다.

② 분쇄한 원두를 세팅합니다

드립퍼에 종이필터를 끼우고 분쇄한 원두 가루를 평평하게 담은 후 주전자로 물을 끓입니다. 물이 다 끓으면 온도가 조금 내려가기를 기다립니다.

③ 커피를 내립니다

드립퍼에 드립서버를 세팅하고 잠시 뜸을 들입니다. 종이필터 중심에서 바깥쪽으로 원을 그린다는 느낌으로 원두 가루가 잠길 때까지 물을 붓습니다. 그때부터 30초 동안 원두 가루가 부풀어 오르고 드립서버로 커피가 떨어지는 것을 관찰하면서 기다립니다.

부풀어 오른 원두 가루가 평평하게 가라앉으면 그때 3~4회 나누어 물을 붓습니다. 주전자를 잡은 손에 집중하여 같은 속도로 같은 양을 붓습니다.

④ 드립서버의 커피를 커피 잔으로 옮겨 담습니다. 공들여 내린 커피와 마주합니다

원두 가루로 커피를 내릴 때까지 약 3분, 원두분쇄기로 원두 가루를 만드는 과정까지 포함하면 7~8분, '커피 명상' 시간입니다. 반복하다 보면 원두의 양, 뜸을 들이는 시간, 물을 붓는 타이밍과 횟수에 따라 맛이 다르다는 것을 알게 됩니다.

집안일 명상 ❸

채소를 가늘고 길쭉하게 써는 '채썰기 명상'

도마와 식칼이 있으면 채소를 가늘고 길쭉하게 써는 '채썰기 명상'이 가능합니다. 다지기, 깍둑썰기, 분쇄, 반죽 만들기 등 용기에 식재료를 넣기만 하면 손쉽게 다듬어주는 만능 조리 기구는 무척 편리합니다. 그래도 가끔은 시간을 내어 식재료 하나라도 좋으니 자신의 손으로 손질해보는 것은 어떨까요?

준비물은 세 가지입니다.

· 도마   · 식칼
· 채썰기 할 채소(당근, 오이, 양배추 등)

① 채소의 4분의 3 정도를 평상시 속도로 채썰기합니다

도마 위에 깨끗하게 씻은 채소를 올려놓습니다. 평상시 속도로 4분의 3 정도를 채썰기합니다.

② 남은 4분의 1을 천천히 채썰기 합니다

남은 부분을 천천히 채썰기 합니다. 채소를 잡은 손의 감각, 식칼을 쥐는 감각, 식칼로 채소를 써는 소리, 도마를 두드리는 소리에 귀를 기울이면서 끝까지 채썰기를 합니다.

마지막 식기만 행주로 닦는 '식기 닦기 명상'

언젠가부터 부엌에 당연하게 식기세척기가 있는 가정이 많아졌습니다. 직접 설거지하는 것보다 깨끗하고 세팅해두 면 건조까지 해줍니다. 집안일을 편하게 해주는 매우 유용 한 기계이지만 직접 설거지를 하고 행주로 닦기만 해도 자 기 본연의 감각을 조금씩 되찾을 수 있습니다.

모든 식기를 행주로 닦으면 힘들기 때문에 접시, 유리컵, 밥그릇 등 어느 것이든 좋으니 하나만 골라서 설거지를 하 고 행주로 꼼꼼하게 닦아줍니다. 한 번 닦는 것만으로는 물 기를 완전히 제거할 수 없습니다. 식기에서 물기가 사라질 때까지 몇 번이고 닦습니다. 식기를 닦으면서 식기의 형태 나 모양의 아름다움을 발견할 수도 있습니다.

걸레로 바닥을 닦는 '청소 명상'

'청소 명상'은 걸레로 바닥을 닦으면서 합니다. 밀대걸레로 슥 닦거나 로봇청소기로 간단하게 끝낼 수 있습니다만, 번거롭기는 해도 정성스레 함으로써 청소시간을 명상 시간으로 바꿉니다.

걸레질할 때 중요한 점은 바닥을 반짝반짝하게 닦으려고 생각하지 않는 것입니다. 깨끗하게 닦는 것을 목적으로 하면 걸레질을 평가하게 됩니다. 먼지가 남아 있다거나 잘 닦이지 않은 부분이 있으면 어딘가 아쉬운 기분이 듭니다.

제가 하는 일은 닦은 바닥을 쳐다보는 것입니다. 닦은 바닥의 나뭇결을 바라보고 있으면 사람의 얼굴처럼 보이기도 하고 어딘가의 풍경처럼 보이기도 합니다. '오늘은 무엇이 보일까?'하고 생각합니다. 그게 즐거워서 매일 '청소 명상'을 합니다.

덕분에 저는 정말로 청소를 좋아하는 사람이 되었습니다. 어렸을 때는 청소를 너무 싫어해서 제 방은 그야말로 난장

판이었습니다. 하지만 지금은 매일 아침 걸레질을 하지 않으면 허전한 기분이 듭니다.

결벽증이 아니라 청소하는 시간이 즐겁기 때문입니다. 즐거움을 느낄 수 있는 시간을 만들지 않으면 아깝다는 생각이 듭니다. 게다가 감각을 되살려주는 명상 시간이 되기도 합니다.

집안일 명상 ❻
걸레 두 장으로 창문을 닦는 '창문 닦기 명상'

요새는 창문을 닦을 때 유리를 반짝이게 해주는 세제나 얼룩이 남지 않는 편리한 상품이 있습니다. 하지만 저는 물과 걸레 두 장으로 '창문 닦기 명상'을 합니다.

세 가지를 준비합니다.
· 물   · 면으로 만든 걸레
· 얇은 천으로 만든 걸레(극세사 종류면 좋습니다)

① 면 걸레를 물에 적셔 창문을 닦습니다

천천히 일정한 리듬으로 중심에서 원을 그리듯 닦습니다.

② 얇은 천 걸레로 물기가 없어질 때까지 닦습니다

얇은 천이 창문에 남은 물기를 흡수하는 것을 보면서 모든 물기가 사라질 때까지 꼼꼼하게 닦습니다.

'창문 닦기 명상'을 반복하면 창문을 닦는 자세, 어깨의 움직임, 호흡이 흐트러지는 것도 느낄 수 있습니다.

택배를 정성스럽게 개봉하고
상자를 정리하는 '택배 개봉 명상'

여러분은 택배를 받으면 조심스럽게 열어봅니까? 아니면 내용물을 빨리 확인하고 싶어서 아무렇게나 뜯습니까? 귀찮아서 함부로 뜯고 상자는 대강 접어서 버리는 분도 계실지 모르겠습니다. 사실 택배를 개봉하는 시간도 명상 시간으로 만들 수 있습니다. 예를 들어서 박스 테이프로 봉한 택배 상자가 도착했을 때는 다음과 같이 개봉합니다.

① 상자 겉면의 박스 테이프를 뜯습니다

박스 테이프는 마구 뜯지 않습니다. 끝부분부터 조심스레 떼어내면서 테이프가 떨어지는 소리에 귀를 기울입니다.

② 내용물을 꺼내고 상자 뒷면의 테이프를 뜯습니다.

상자를 열고 내용물을 꺼내면 상자 뒷면의 테이프도 끝부분부터 조심스럽게 떼어냅니다.

③ 상자를 접습니다

앞면과 뒷면의 테이프를 떼어냈으면 마지막으로 상자를 반듯하게 접습니다. 절취선이 있는 상자라면 절취선을 따라 깔끔하게 개봉합니다. 손의 감각에 의식을 집중하고 정성스레 당기면 뜯기는 소리가 기분 좋게 들립니다.

밖에 나가기 전에 '외출 준비 명상'

이번에 소개할 명상은 '외출 준비 명상'입니다. 항상 정신 없는 외출 전의 시간을 명상 시간으로 만드는 방법입니다. 세수하기, 손씻기, 양치하기, 신발 끈 묶기 등 외출하기 전에 늘 하는 행동입니다. 서둘러 마치고 외출하고 싶지만, 일부러 여유롭게 준비해봅니다.

물론 평소보다 조금 일찍 준비해야 하는 수고로움이 있지만 그만큼 마음을 정돈하고 외출할 수 있습니다. 감각을 깨우고 밖에 나가면 행복을 붙잡을 수 있는 찬스도 늘어납니다.

거품으로 얼굴을 씻는 '세안 명상'

매일 하는 세수나 양치에 걸리는 시간을 명상 시간으로 바꾸면 자연스럽게 명상을 습관으로 만들 수 있습니다. 첫 번째로 추천하는 것은 거품으로 얼굴을 씻는 '세안 명상'입니다. 세안은 날마다 되풀이하는 일 가운데 하나라고 생각합니다. 거품망이나 거품 세안제로 편하게 거품 세안을 하는 분도 많으시겠지만, 자신의 손으로 거품을 만들어봅니다.

① 손을 씻습니다

손에 기름기나 때가 묻어 있으면 거품이 잘 생기지 않습니다. 우선 비누나 손 세정제로 손을 씻습니다.

② 손바닥으로 거품을 만듭니다

세안제라면 적당량을 손바닥에 덜고, 비누라면 손바닥 전체로 굴리면서 솜뭉치처럼 거품을 만듭니다.

③ 폭신폭신한 거품을 만듭니다

한쪽 손은 계란을 손바닥으로 감싸 안은 듯 만들고 거품을 올립니다. 물을 조금 보태서 다른쪽 손으로 표면을 쓰다듬듯 거품을 만듭니다. 손바닥과 손가락 끝의 감각으로 거품을 느끼면서 손바닥이 가득 찰 때까지 거품을 만들어 봅니다.

폭신폭신한 거품을 만드는 것만으로도 명상 시간이 되지만 시간 여유가 있으면 거품과 손가락 끝 지문이 있는 부분의 감각을 느끼면서 공들여 세수합니다. 향기도 맡을 수 있습니다.

외출 준비 명상 ❷

천천히 꼼꼼하게 손을 씻는 '손 씻기 명상'

신종 코로나의 영향으로 마스크와 함께 손씻기도 습관이 되었습니다. 알코올 소독액이나 젤로 청결을 유지하는 것도 좋지만 천천히 꼼꼼하게 손을 씻으며 명상하는 습관을 만들어보는 것은 어떨까요?

① 물로 손을 적십니다.

② 비누로 거품을 만듭니다.

③ 손바닥을 맞대고 비비면서 씻습니다.

④ 손등을 씻습니다.

⑤ 손가락 끝과 손톱 사이를 손바닥에 긁듯이 씻습니다.

⑥ 손바닥을 맞대고 깍지를 껴서 문지르며 손가락 사이를 씻습니다.

⑦ 한쪽 손으로 다른 쪽 손가락을 하나씩 감싸듯 쥐고 돌리면서 씻습니다. 엄지손가락부터 차례로 씻습니다.

⑧ 손목을 씻습니다.

⑨ 마지막에 손의 거품을 물로 모두 씻어 냅니다.

질병관리본부에서 권장하는 손씻기 시간은 30초 이상입니다. '손씻기 명상'은 손바닥, 손등, 손가락, 손가락 사이 등 각각의 감각을 느끼며 씻는 것이므로 시간에 구애받지 않고 꼼꼼하게 씻으면 좋습니다.

10분 동안 이를 닦는 '양치 명상'

외출 준비 명상에는 앞서 설명한 '세안 명상'과 '손씻기 명상'에 더불어 '양치 명상'도 있습니다. 치아에 대기만 하면 저절로 닦이는 전동칫솔은 사용하지 않습니다. 일반 칫솔을 손에 쥐고 10분 정도 이를 닦습니다. 칫솔을 통해 전해지는 치아의 모양, 치열, 잇몸에 칫솔모가 닿았을 때의 감각 등 하나하나 확인하면서 천천히 정성을 다해 닦습니다.

칫솔을 쥔 손에 힘을 주었을 때나 칫솔을 위아래로 움직이면 어떤 감각인지 등 여러 가지를 확인할 수 있습니다. 감각이 깨어나 있다면 양치뿐만 아니라 팔의 각도나 자세까지 느낄 수 있게 됩니다. '양치 명상'은 외출 전뿐만 아니라 식사 후나 간식을 먹은 후에도 할 수 있습니다.

느긋하게 신발을 신는 '신발끈 묶기 명상'

신발끈이 고무로 된 운동화나 신발끈을 조이는 장치가 있는 등산화 등 신발끈과 상관없이 편리하게 신을 수 있는 신발이 많습니다. 외출하기 전에 시간이 별로 없을 때 분명 편리할 것입니다. 하지만 일부러 느긋하게 신발끈을 묶어봅니다.

① 신발 끈을 양쪽 모두 느슨하게 풀어줍니다.

② 오른발 왼발에 상관없이 한쪽 신발을 신습니다.

③ 신발끈을 조이기 시작합니다. 맨 아랫부분의 신발끈을 양손으로 잡고 발에 맞게 조입니다. 한 칸씩 위로 올라오면서 차근차근 신발끈을 조입니다. 신발끈을 조일 때마다 발에 전해지는 감각을 느낍니다. 서두르지 않습니다. 정성스럽게 한 칸씩 조이고 마지막으로 신발끈을 묶습니다. 다른 쪽도 같은 방법으로 묶습니다.

손과 발의 감각을 확인하면서 천천히 신발 끈을 조이는 '신발 끈 묶기 명상'은 집을 나서기 전에 마음을 가다듬는 소중한 시간이 됩니다.

쉬는 시간을 이용한 '휴식 명상'

쉬는 시간도 명상 시간으로 만들 수 있습니다. 하루를 보내면서 쉬는 시간이 생길 때, 그 틈을 이용하는 '휴식 명상'입니다. 온종일 너무 바빠서 쉴 틈이 없을 때는 무리하지 마세요. 바쁜 직장인이라면 점심시간이나 한숨을 돌릴 때, 보통은 식사 후나 취침 전에 시간 여유가 있으리라 생각합니다.

그러한 시간을 이용하는 것이 '휴식 명상'입니다. 편히 쉬는 시간을 이용하여 명상하면 마음이 잘 정돈되고 감각도 쉽게 깨어납니다.

물건을 1분 동안 바라보는 '바라보기 명상'

어떤 물건을 가만히 바라봅니다. 간단해 보이지만 실제로는 어려운 일입니다. '이것은 책', '이것은 스마트폰'이라고 물건을 인지하는 데는 1초도 걸리지 않지만 같은 물건을 15초 이상 보면 질립니다.

텔레비전 광고가 평균 15초인 것도 영상 플랫폼 틱톡(TikTok)의 동영상이 15초인 것도 그러한 이유에서입니다. 하지만 일부러 1분 동안 물건을 바라보는 것이 '바라보기 명상'입니다. 방법은 간단합니다. 뭐든지 좋습니다. 그냥 1분 동안 물건을 바라보기만 하면 됩니다.

저는 한때 '바라보기 명상'에 빠졌던 적이 있습니다. '어떤 물건이라면 1분을 버틸 수 있을까?' 하고 실험해보자는 마음으로 하루에 하나, 1분 동안 바라보려고 노력했습니다. 꾸준히 하다 보니 화초나 나무 같은 자연물은 1분 동안 바라보는 것이 생각보다 간단했지만, 인공물은 좀처럼 익숙해지지 않았습니다. 하지만 '바라보기 명상'을 끈기 있게 계속하면 세세한 것을 알아차릴 수 있게 됩니다.

항상 사용하는 식기만 하더라도 자신이 얼마나 대충 파악하고 있었는지 알 수 있습니다. 유심히 바라보면 오목하게 들어간 곳이 있다거나 좌우가 비대칭 디자인이라거나 곡선이 아름답다거나 등 몰랐던 것을 알아차릴 수 있습니다.

병뚜껑, 캔, 항상 깔고 앉는 방석 등 평소에는 별로 쳐다볼 일이 없는 물건을 바라보는 것도 추천합니다. 주의 깊게 보면 물건마다 개성이 있는 것을 알 수 있습니다. 늘 사용하는 물건이라면 지금보다 훨씬 애착이 생길 것입니다.

어느 부분을 보고 아름답다고 느끼는지, 어떤 물건에 마음이 움직이는지, 반대로 어떤 물건이 보기 싫은지 알아차리는 것도 '바라보기 명상'입니다. 같은 물건을 1분 동안 바라보려고 노력하면, 감각이 깨어나면서 어떻게 바라보면 좋을지 어디에 매력이 있는지 느끼게 됩니다. 이것이 중요한 것입니다.

1분 동안 바라볼 수 있게 되면 조금 시간을 늘려서 3분 동안 바라보는 것도 좋습니다. 3분 동안 바라보고 있으면 바라보고 있는 것만으로는 계속할 수 없어서 상상력도 필요합니다. 앞서 예로 들었던 식기라면 어떤 재료로 만들어졌을까, 어디에서 어떤 사람이 만들었을까, 어째서 이런 모양으로 만들었을까 하는 상상을 하게 됩니다. 그것은 감각을 깨우는 데 도움이 됩니다.

매일 저무는 해를 바라보는 '석양 명상'

정해두고 매일 했으면 하는 명상이 있습니다. 그것은 '석양 명상'입니다. 아무리 바쁜 날이어도 해가 저무는 시간만큼은 하던 일을 잠시 제쳐두세요. 행복해지기 위해 아름다움을 찾아보시라고 앞서 말씀드렸는데 석양을 바라보는 것도 아름다움을 느낄 수 있는 순간이 됩니다. 게다가 날씨가 좋으면 서쪽 하늘의 석양을 쉽게 볼 수 있습니다.

날씨가 나빠서 석양이 잘 보이지 않는 날이나 석양을 보기 어려운 장소에 있을 때도 석양을 찾아보세요. '석양 명상'은 아름다움을 느끼는 것이 핵심이지만 저녁에 잠시라도 나만의 시간을 가진다는 점에서 의미 있는 일입니다.

저녁은 어수선하고 정신없을 때가 많습니다. 왠지 모르게 짜증이 난다거나 까칠해지는 일도 있습니다. 그럴 때 마음의 여유를 만들어보세요. 석양 명상을 습관으로 만들면 마음이 너무 괴로운 날이나 무거운 날도, 명상하는 순간만큼은 '지금'으로 돌아갈 수 있습니다. 그리고 머릿속을 정돈할 수 있습니다.

휴식 명상 ❸

수면의 질을 높이는 '취침 전 명상'

잠들기 전의 시간을 이용한 '취침 전 명상'도 소개합니다. 너무 피곤해서 곯아떨어지는 날이 아니라면 해보시기를 추천합니다.

① 천장을 바라보며 침대 또는 이불 위에 편히 눕습니다.

② 눈을 감고 배 위에 텅 비어 있는 통이 있다고 상상합니다.

③ 코로 숨을 천천히 들이마시면서 배 위의 통에 물이 점점 차는 것을 상상합니다.

④ 입으로 숨을 천천히 내쉬면서 통 안의 물이 점점 빠지는 것을 상상합니다. 10번 정도 반복합니다.

천장을 보고 누우면 의식하지 않더라도 자연스레 복식 호흡을 할 수 있습니다. 호흡을 반복하는 것만으로도 부교감신경이 우위가 되어 편안한 상태가 됩니다. 호흡을 10회 반복하지 않더라도 기분이 좋아지면 그대로 주무세요. 기분 좋은 상태로 잠들 수 있으면 수면의 질도 좋아지고 아침에도 기분 좋게 일어날 수 있을 것입니다.

몸을 움직이는
'운동 명상'

　운동하면서도 명상할 수 있다는 사실을 아십니까? '운동 명상'은 몸을 움직이면서 하는 명상입니다. 지금까지 소개한 명상과는 분위기가 달라서 색다른 기분을 느낄 수 있습니다. 다른 명상에 비해 몸을 많이 움직이므로 몸의 세세한 변화에 의식을 집중해보세요. 평소에 자각하지 못했던 관절이나 근육의 움직임을 느껴보는 것도 감각을 깨우는 데 도움이 됩니다. 지금부터 소개할 '걷기 명상'이나 '손가락 명상'은 정해진 방식이 없습니다. 자신이 따라 하기 쉽도록 나만의 방법을 만들어보는 것은 어떨까요?

느릿느릿 걷는 '걷기 명상'

걷기는 일상생활 속에서 가볍게 실천할 수 있는 운동입니다. '걷기 명상'은 누구나 쉽게 따라 할 수 있으며 걷는 것만으로도 감각을 깨우는 명상이 가능합니다.

방법은 간단합니다. 나무늘보처럼 느릿느릿하게 걷기만 하면 됩니다. 다른 사람이 봤을 때 '저 사람 안 움직이는데?'라고 생각될 정도로 느릿느릿하게 걷는 것이 이상적입니다. 동작이 느릴수록 다양한 것을 느낄 수 있습니다.

오른발을 천천히 들었다가 천천히 내립니다. 오른발이 땅에 닿으면 왼발을 천천히 들었다가 천천히 내립니다. 이렇게 10초 정도 걷는 것이 '걷기 명상'입니다. 동작이 느려지면 발을 들었을 때 중심이 흐트러져서 자세가 무너지기 쉽습니다. 처음 도전할 때는 균형을 잡기 어려울 수도 있지만 꾸준히 하면 익숙해집니다.

오른쪽으로 기울어져 있는지, 왼쪽으로 기울어져 있는지, 앞으로 넘어질 것 같은지, 등이 구부려져 있는지 등 평소 걷는 자세와 다르다는 것을 알아차리는 것이 첫 번째 명상 포인트입니다. '걷기 명상'을 꾸준히 하면 골반, 고관절, 척추, 어깨나 머리의 위치 등 세세한 차이도 느낄 수 있게 됩니다.

느릿느릿하게 걷는 것에 익숙해지면 호흡도 조절해봅시다. 숨을 들이마시면서 발을 들고 내쉬면서 내립니다. 호흡의 힘으로 다리를 들었다가 내리는 감각을 느낄 수 있을 때까지 연습해봅시다.

느릿느릿하게 걷는 동작은 다른 사람의 시선을 끌기 때문에 실내에서 실천하는 편이 좋을지도 모릅니다. 처음에는 균형 잡기가 어려울 수도 있어서 벽을 따라서 걷는 것도 좋습니다. 허리나 다리가 약하신 분은 무리하지 마세요.

양손 엄지손가락을 빙글빙글 돌리는 '손가락 명상'

책상 앞에 앉아서 잠시 숨을 돌리며 할 수 있는 명상이 있습니다. 양손의 엄지손가락을 이용한 '손가락 명상'입니다.

① 책상 위에 양팔을 올려놓고 가볍게 맞잡습니다.

② 눈을 감고 엄지손가락을 번갈아 움직이며 천천히 빙글빙글 앞으로 돌립니다.

③ 10초 정도 돌리면 반대쪽으로도 돌립니다.

간단한 동작이지만 단순하고 변화가 없는 리듬 운동은 행복 호르몬인 세로토닌 분비를 촉진합니다. 손가락을 빙글빙글 돌리는 것만으로도 마음이 평온해집니다. 또한 맞잡은 오른손과 왼손으로 의식을 집중하면 '월요 명상'처럼 손가락 하나하나를 느낄 수도 있습니다.

손잡이를 잡은 채 눈을 반쯤 감는 '지하철 명상'

　이동할 때 직접 운전을 하는 분도 계시겠지만 지하철을 이용하시는 분도 많으리라 생각합니다. 지하철을 타는 시간은 명상하기에 정말로 좋은 시간입니다.

　지하철 안에서 명상하는 방법을 소개하고자 합니다. 손잡이를 잡고 있을 때 몇 분 정도 눈을 반쯤 감기만 하면 됩니다. 스마트폰을 보거나 게임을 하는 시간 가운데 몇 분만 명상에 양보해주세요.

눈을 뜨고 있으면 여러 가지 정보가 들어오고, 눈을 완전히 감으면 머릿속에 잡생각이 들기 쉽습니다. 눈을 반쯤 감은 상태에서 손잡이를 잡은 손이나 호흡을 느껴봅니다. 평소와는 다른 느낌이 들 것입니다.

특정한 감각을 깨우는 '감각 명상'

마지막으로 소개할 생활 명상은 '감각 명상'입니다. '감각 명상'은 어느 특정한 감각에 집중합니다. 일상을 살짝 바꾸는 것만으로도 감각이 깨어납니다. 예를 들어 '먹기 명상'에서는 미각에 집중해 감각을 깨웁니다. 잘 사용하고 있는 것 같지만 실상 제대로 사용하지 못하는 감각이 미각입니다. 자신이 본래 가지고 있던 감각을 되찾으세요.

마지막 부분에서는 먹(墨)을 이용한 명상을 소개합니다. 도구가 필요하지만, 기회가 된다면 꼭 해보시기를 추천합니다.

감각 명상 ❶

밥을 입에 넣고 30초가 지나면 씹는 '먹기 명상'

하루 중 빼놓을 수 없는 식사 시간도 명상 시간으로 만들 수 있습니다. 밥 먹는 방법에 살짝 변화를 주는 것뿐입니다. 30초 '먹기 명상'으로 평소의 식사가 완전히 바뀝니다.

① 밥을 한 수저 뜰 때, 평소의 절반 정도를 떠서 입에 넣습니다.
② 밥을 입에 넣은 채로 30초 동안 아무것도 하지 않습니다. 혀도 움직이지 않습니다.
③ 30초가 지나면 천천히 밥을 씹어먹습니다.

밥을 입에 넣고 30초 동안 가만히 있으면 맛을 느끼기 위해 입안에 있는 감각이 깨어납니다. 감각이 깨어나면 밥을 한 번 씹는 것만으로도 입안 가득히 맛을 느낄 수 있습니다. 반찬이 별로 없으면 수저를 뜨지 않는 분도 계실지 모르지만, 밥만으로도 충분히 맛을 느낄 수 있습니다. 한번 도전해보세요.

'먹기 명상'을 꾸준히 하면 입안의 감각이 전부 깨어납니다. '소금으로 밑간을 했네?', '다시마를 넣었구나!', '참기름 맛도 나!' 등 먹을 때마다 여러 맛을 느낄 수 있습니다. 지금까지 몇 번이나 먹었던 음식이라도 '먹기 명상'을 하면 이전과는 다른 깊은 맛을 느낄 수 있습니다.

감각 명상 ❷

빗소리나 풍경 소리에 귀를 기울이는 '듣기 명상'

'월요 명상 플러스'에서 소리에 귀를 기울이는 명상이 있었습니다만 일상생활 속에서도 자투리 시간을 이용해 소리를 들으며 명상할 수 있습니다. '듣기 명상'은 준비물도 필요 없고 간단합니다.

텔레비전이나 라디오처럼 소리가 나는 전자기기는 잠시 끄고 바닥이나 의자에 앉아서 눈을 감습니다. '월요 명상'과 같은 자세여도 좋지만, 특별히 자세에 신경 쓸 필요는 없습니다. 그저 가만히 소리에 귀를 기울입니다. 귀를 기울이면 월요일 아침과는 다른 소리가 들릴 것입니다. 월요일에 들었던 소리와 같은 소리여도 다르게 느껴질지 모릅니다. 그것도 감각이 깨어나는 증거입니다.

여름이라면 창문에 풍경을 달고 눈을 감은 채 소리를 듣는 것도 좋습니다. 약한 바람에도 반응하는 풍경은 단 한순간도 같은 소리를 내지 않습니다. 그것을 알아차릴 수 있으면 감각이 깨어 있는 것입니다.

감각 명상 ❸

먹(墨)을 가는 '벼루 명상'

감각 명상에서 마지막으로 소개할 명상은 '벼루 명상'입니다. 벼루에 먹을 가는 일 자체가 일상적이지는 않지만, 절에서 자주 실천하는 명상이어서 소개하고자 합니다.

준비물은 세 가지입니다.

· 벼루   · 고형으로 만든 먹   · 물

① 벼루의 평평한 부분에 물을 조금 붓습니다.

② 먹을 가볍게 쥐고 벼루에 비스듬히 댑니다.

③ 물을 부은 부분에 원을 그리듯 천천히 먹을 갑니다.

바닥에 정좌하고 먹을 가는 것이 이상적이지만 책상 위에 벼루를 놓고 해도 괜찮습니다. 다만 등을 곧게 펼 수 있도록 합니다.

같은 리듬으로 팔을 움직여서 먹을 갈기만 하면 됩니다. 손에 힘을 주는 정도에 따라 먹을 가는 소리가 다르게 들릴 것입니다. 먹을 가는 동작도 '손가락 명상'과 마찬가지로 단조로운 리듬 운동이므로 계속하면 세로토닌이 분비되어 마음이 평온해집니다.

> ### '생활 명상'을 자신에 맞게 바꾸어 감각이 깨어 있는 상태를 유지합니다

일상을 살짝 바꾸는 것만으로도 얼마든지 명상이 가능합니다. 짧으면 1분, 길면 10분 정도로 충분합니다. 지금까지 소개한 명상은 제가 실제로 하는 방법과 제가 생각한 방법입니다. 반드시 이렇게 해야 한다고 정해진 방법은 없습니다. 여러분의 생활 방식에 맞추어 편한 방법을 선택하거나 자신에게 맞게 바꿔도 좋습니다. 일상 속에서 자신만의 명상 시간을 만들어보세요. '월요 명상'에 이어 '생활 명상'도 같이 실천하면 틀림없이 자신의 마음 상태는 달라질 것입니다.

4장

'월요 명상'으로
인간관계가 바뀝니다

의사소통 능력을 길러 주는 '월요 명상'

'월요 명상'을 꾸준히 하면 한 가지 큰 변화를 느낄 수 있습니다. 바로 의사소통능력입니다. 어째서 의사소통능력에 변화가 생기는 것일까요? 그 이유에 대하여 말씀드리고자 합니다.

의사소통은 많은 분이 중요하게 생각하는 문제입니다. "친구랑 싸워서 사이가 틀어져 버렸어요" "회사에서 상사하고 원만하게 지낼 수 없어서 힘들어요" "가족끼리 별로 대화가 없어서 남남 같아요" 등등 상담하다 보면 이러한 고민을 털어놓는 분이 많습니다. 지금 이 책을 읽는 여러분도 의사소통 문제로 고민하고 계실지 모르겠네요.

의사소통은 어렵습니다. 애초부터 까다로운 문제라고 인식하는 편이 좋을지도 모릅니다. 따로 태어나서 따로 자란 사람끼리 완벽하게 의사소통을 한다는 것 자체가 현실적으로 불가능하다고 보아도 좋을 듯합니다. 자기 생각을 다른 사람에게 제대로 전달하기 위해서는 엄청난 노력이 필요합니다.

의사소통은 매우 복잡합니다. 말투는 물론이거니와 누구와 어떤 이야기를 하는지, 어떤 단어를 사용하는지, 시선 처리는 어떤지, 말하는 속도는 어떤지, 목소리의 높낮이는 어떤지, 다양한 요소가 포함되어 있습니다.

눈치채셨을까요? 의사소통에는 날카로운 '감각'이 필요합니다. 상대방이 무엇을 느끼고 어떻게 반응하는지 알아채서 상황에 맞게 호응해야 합니다. 동시에 상대방에게 휘둘리지 않는 자신만의 중심축도 필요합니다. 감각이 깨어 있지 않으면 불가능한 일입니다.

'월요 명상'을 습관으로 만들면 일상생활 속에서 무뎌지기 쉬운 감각을 정기적으로 재부팅하므로 상당히 높은 수

준의 감각을 유지할 수 있습니다. 지금까지 알아채지 못했던 것을 알아차릴 수 있게 됩니다. 분위기를 파악하는 힘이 생긴다고도 볼 수 있습니다. 상대방과 막힘없는 대화를 할 수 있게 되면 일상생활이 변하는 것을 느낄 수 있습니다.

상대방의 이야기를 집중해서 들을 수 있게 됩니다

"상사나 동료와 이야기하는 게 어려워요." "엄마 아빠랑은 대화가 안 통해요." 상담할 때 이런 고민을 털어놓는 분이 많습니다. 상담 내용을 잘 들어보면 상대방이 하는 말을 제대로 듣지 않아서 의사소통이 뜻대로 안 되는 경우가 종종 있습니다.

진정한 의미에서 다른 사람의 이야기를 들을 수 있는 사람은 적다고 생각합니다. 의사소통에 관한 상담을 할 때 제가 가장 먼저 하는 일은 수치화입니다. "상대방의 이야기를 귀담아듣는 능력이 10점 만점이라고 할 때, 현재 상담자분은 몇 점입니까?"라고 묻습니다.

그런데 점수를 매기기는커녕 당황해하시는 분이 의외로 많습니다. 아마도 본인의 '듣는 능력'에 대해 거의 생각해 본 적이 없어서라고 생각합니다. '대화할 때는 듣기가 중요하다'라고 깨닫게 해주는 것이 수치화의 목적입니다.

상담은 보통 다음과 같은 흐름입니다. "상대방의 이야기를 듣기보다 제 이야기를 많이 하고 싶으니까 3점 정도 같아요." "그러면 10점 만점을 목표로 했을 때 앞으로 몇 점 정도까지 올릴 수 있을까요?" "한 달 후라면 6점 정도까지는 가능할 것 같아요." "그러려면 무엇이 필요하다고 생각하세요?"

"처음에는 상대방의 이야기를 들으려고 노력하는데 항상 도중에 집중력이 떨어져서 딴생각이 들어요. 5점 정도려나요?" "그러면 첫 번째 목표를 정해봅시다. 몇 점이 좋을까요?"

"1점 높여서 6점으로 해볼게요." "그러려면 무엇이 필요하다고 생각하세요?"

마지막에 "그러려면 무엇이 필요하다고 생각하세요?"라

는 제 질문에 "상대방이 이야기하는 걸 잘 듣고 질문을 해볼게요" "상대방이 말할 때마다 맞장구를 쳐볼게요" "처음 10분은 상대방의 이야기를 듣기만 해볼게요" "메모하면서 이야기를 들어볼게요"와 같은 대답을 한다면 그분의 듣는 능력은 이미 바뀐 것입니다. 상대방이 말하는 내용을 의식해서 듣게 되기 때문입니다.

'월요 명상'을 꾸준히 하면 자연스레 다른 사람의 이야기를 경청하게 됩니다. '월요 명상'이 습관으로 자리 잡으면 듣기에 필요한 감각이 깨어나기 때문입니다. 또한 듣기를 의식해 '월요 명상'을 계속하면 듣는 능력은 더욱 좋아집니다. 왜냐하면 대화할 때 알아차리는 것이 늘어나기 때문입니다. 이야기를 듣는 자세가 달라지고 상대방의 동작, 표정, 분위기 등 여러 가지를 살필 수 있게 됩니다.

단순히 상대방의 이야기만 듣는 것이 아니라 전체적인 분위기를 알 수 있습니다. 상대방이 기분 좋게 이야기하고 있다든가 분위기가 바뀌어서 상대방의 기분이 나빠졌다든가 하는 변화를 알 수 있게 되면 그 시점부터 대화가 수월해집니다.

상대방이 기분 좋게 이야기하고 있으면 맞장구치며 그 분위기를 이어서 대화할 수 있습니다. 상대방의 기분이 나빠 보이면 자세를 바르게 하고 듣는 편이 좋습니다. 상대방의 반응에 맞추어 호응하거나 질문할 때를 가늠하면 대화가 원만하게 이어집니다. 물론 그러한 대화를 하려면 시간이 걸리지만 '월요 명상'으로 이미 변화를 느끼는 부분도 있을 것입니다. 그것은 상대방의 이야기를 전보다 귀 기울여 듣게 된다는 점입니다.

또한 '생활 명상'에서 말씀드린 '바라보기 명상'도 의사소통에 효과가 있습니다. 1분 동안 가만히 물건을 바라볼 수 있게 되면 1분 동안 상대방의 눈을 바라보며 편안하게 이야기를 들을 수 있습니다. 상대방의 눈을 바라보며 이야기하는 것은 대화의 기본이라고 하지만 막상 해보면 어렵습니다. 상대방과 시선을 마주치는 연습이 '바라보기 명상'으로 가능합니다. 상대방과 시선을 교환하며 이야기를 듣습니다. 그것만으로도 여러분의 인상은 확연히 달라집니다. 대화의 흐름이 눈에 띄게 좋아집니다.

대화할 때 가장 좋은 수단은
'앵무새처럼 받아치기'

지금까지 '듣기'를 어떻게 생각하셨습니까? 단순히 상대방의 이야기를 듣는 것으로 생각하지 않으셨습니까? 감사할 때와 마찬가지로 '듣기'를 받아들이는 행위로 파악하는 분이 많은 것 같습니다만 '듣기'는 본래 능동적이어야 합니다. 상대방의 이야기를 적극적으로 들으면 대화는 확실하게 달라집니다.

'적극적 경청(active listening)'이라는 말이 있습니다. 들으려고 노력해야 들을 수 있는 것이 상대방의 이야기입니다. 적극적으로 들으면 상대방의 이야기를 이끌어낼 수 있습니다. 상대방의 눈을 바라보거나 이야기에 맞장구를 치면서 상대방이 말하기 편한 분위기를 만듭니다. 듣는 이가 적극적으로 들으면 대화는 활발해집니다. 이야기를 들으면서 상대방이 말하는 것을 확인하기 위해 하는 질문도 적극적 경청 가운데 하나입니다.

그때 가장 좋은 수단이 '앵무새처럼 받아치기'입니다. 핵심은 되도록 단어를 바꾸지 않는 것입니다. 예를 들어 "스트레스나 피로로 마음이 힘들고 지쳐서 마음을 리셋할 때 명상이라는 방법이 있습니다"라고 상대방이 말했을 때 상대방이 한 말을 다른 말로 바꿔서 "그렇군요. 마음을 진정시킬 때 명상이라는 방법이 있군요"라고 호응하는 경우를 많이 볼 수 있습니다. 듣는 이가 나름대로 해석해서 맞장구를 칠 생각이었겠으나 그것이 반드시 올바른 해석이라고 할 수 없습니다. 틀리지는 않지만 미묘한 차이가 있습니다. 이 대화에서 상대방이 말한 '마음을 리셋할 때'와 듣는이가 말한 '마음을 진정시킬 때'는 비슷한 것 같지만 다른 점이 있습니다. 또한 같은 단어라도 외래어와 한자어의 느낌은 다릅니다.

상대방과 기분 좋게 이야기를 이어나가려면 상대방이 한 말을 그대로 받아치는 것이 가장 좋습니다. "마음을 리셋할 때 명상을 하시는군요. 어떤 명상인가요?" 이렇게 하면 상대방도 편하게 이야기할 수 있습니다.

앵무새처럼 받아치면 상대방의 이야기를 이해할 수 없어서 되물어보는 것은 아닐까 하고 생각하는 분이 있을지도 모릅니다. 자신의 의견을 말해야 한다고 생각하는 분도 있을지 모릅니다. 그러나 저 개인적으로는 원만한 대화를 이어나가는 데 앵무새처럼 받아치는 것만큼 좋은 방법은 없다고 생각합니다.

게다가 '앵무새처럼 받아치기'에는 자기 자신을 제삼자로 파악하여 객관적으로 보는 미러링 효과(Mirroring Effect)도 작용하기 때문에 상대방이 대화에 더욱 주의를 기울이는 일도 있습니다.

앞의 대화를 예로 들면 "마음을 리셋한다는 것이 어떤 건지 알고 싶어요" "명상이라기보다 마음챙김이라고 하는 게 알기 쉬운가요?" "마음이 힘들다든가 지친다든가 하는 표현이 감각적이네요"와 같이 말할 내용을 덧붙이거나 살짝 바꾸거나 단어를 바꿔서 알기 쉽게 말하는 경우도 있습니다. 앵무새처럼 받아치기가 익숙해지면 상대방의 이야기를 잘 듣고 있다는 증거도 되므로 상대방에게 실례를 끼칠 염려도 없습니다.

듣기가 즐거워지면 불편한 사람이 없습니다

적극적 경청이 불가능하면 불편한 사람이 늘어나는 원인도 됩니다. 사람은 상대방이 한 말을 마음대로 해석하거나 편향된 시각을 갖기도 해서 다른 사람을 오해하기 쉬운 경향이 있기 때문입니다. 듣기가 습관이 되면 불편하거나 싫은 사람이 줄어듭니다.

한번 상대방을 불편하다고 느끼면 그때부터 상대방의 이야기를 제대로 듣지 않게 됩니다. 상대방이 열심히 이야기해도 '별로 듣고 싶지 않아'하고 차단해버리기 쉽습니다. 하지만 듣는 자세를 능동적으로 바꾸기만 해도 상대방에 대한 생각이 달라집니다.

예전에 저는 대화를 할 때 불편하다고 느끼는 인원수가 있었습니다. 여러분도 일대일 대화는 불편하지만 세명이라면 괜찮을 것 같다는 생각을 해본 적은 없습니까? 저는 네명 정도 모였을 때 불편하다고 느껴서 그럴 때마다 항상 고생했습니다. 인원수가 적으면 상대방의 표정이 잘 보여서 그 자리에 있는 모두의 기분이 신경 쓰였기 때문입니다.

그래서 저는 모인 인원수가 적을 때 모두가 좋아할 만한 이야깃거리를 꺼내곤 했습니다. 이야기가 잘 풀릴 때도 있었지만 기대했던 바와는 달리 분위기가 가라앉는 일도 허다했습니다. 그때 저는 상대방이 하고 싶은 말을 듣는다기보다 상대방에게 무리하게 이야기를 하도록 했다는 것을 깨달았습니다. 그때부터 저는 적극적으로 상대방의 이야기를 들으며 대화에 참여했습니다. 그러자 어느새인가 자연스럽게 대화를 나누는 저를 발견할 수 있었습니다.

인원수와 관계없이 개개인의 이야기를 잘 듣고 자기 자신도 관심 있는 부분에 대해 질문하면 상대방도 기꺼이 대답합니다. 상대방이 즐겁게 이야기하므로 다른 사람들도 관심을 가지고 이야기를 듣게 됩니다.

이쪽에서 일부러 분위기를 띄우려 하지 않아도 됩니다. 상대방의 이야기를 제대로 듣기만 해도 대화가 즐거워진다고 깨달은 것입니다. 상대방의 이야기를 잘 듣고 본인도 관심 있는 부분에 대해 질문하면 얼마든지 즐겁게 이야기할 수 있습니다. 상대방도 대화를 즐기게 됩니다. 상대방의 이야기를 적극적으로 듣게 되면서 누구와도 편안하게 이야기할 수 있게 된 듯합니다.

사람들은 흔히 자신과 다른 타입의 사람하고 이야기할 때 지레짐작으로 걱정하곤 합니다. 예를 들어 수학이 어려워서 수학 선생님과 일대일로 상담하게 되었다고 가정해봅시다. 무슨 말을 해야 할지 걱정이 앞설 수 있습니다. '선생님 말씀은 엄청 어려워서 무슨 말인지 이해하지 못할 거야'라고 멋대로 생각하기 쉽습니다. 그러나 선생님 말씀을 어떻게 듣느냐에 따라서 의외로 재미있는 대화가 될지도 모릅니다. 이때 적극적 경청이 큰 힘을 발휘합니다.

상담하러 오는 사람이 수학전문가가 아니라는 것은 선생님도 알고 있습니다. 선생님 이야기를 잘 듣고 본인이 아는 것과 관련해서 다음처럼 질문을 해보세요. "초등학교 때 배운 방정식이네요" "밑변 곱하기 높이 나누기 2는 삼각형 넓이 구하는 공식이죠?" "야구에 나오는 타율이나 방어율과도 관계가 있을 것 같아요" 등 분명 알기 쉽게 대답해주실 것입니다. 상담이 끝나면 수학에 관심이 생겨서 관련 서적을 찾아보기 위해 도서관이나 서점에 갈지도 모릅니다.

취미나 관심사가 같으면 확실히 이야기하기 쉽지만, 꼭 그렇지 않더라도 상대방의 이야기를 적극적으로 들으면 즐거운 이야기를 이끌어낼 수 있습니다. 이야기를 들어도 묻고 싶은 것이 생각나지 않으면 정말로 앵무새처럼 말하는 것이 됩니다. 상대방의 이야기를 듣고자 하는 자세가 대화에 변화를 일으킵니다. 상대방의 이야기를 적극적으로 들으면 대화는 즐거워집니다.

자신을 객관적으로 바라볼 수 있게 되면 마음이 가벼워집니다

고민 상담을 하다 보면 "회사를 그만두고 싶어요" "가족과 사이가 좋지 않아요"처럼 부정적인 내용이 많습니다. 솔직히 말씀드리면 부정적인 이야기는 별로 듣고 싶지 않을 때도 있습니다. 그럴 때일수록 특히 신경을 쓰는 것이 있습니다. 이야기를 가능한 한 긍정적으로 이끌어가려고 노력하는 것입니다. 이야기를 긍정적인 흐름으로 바꾸는 것은 매우 중요합니다.

상담 내용이 부정적일 때는 우선 상대방의 이야기를 빈틈없이 듣습니다. 고민이 깊은 분의 이야기를 들어보면 머릿속이 혼란스러운 탓인지 처음부터 끝까지 횡설수설할 때가 많습니다. 한번 이야기를 시작하면 봇물이 터진 듯 쉬지 않고 이야기하는 분도 계십니다.

저는 고개를 끄덕이며 계속 이야기를 듣습니다. 길 때는 10분 정도 듣기만 할 때도 있습니다. 이야기가 끝났다고 생각되면 상대방에게 들은 내용을 되도록 그대로 돌려드립니다. 상대방이 사용한 단어는 바꾸지 않습니다. 중요하다고 생각한 단어를 이용하여 10분 정도의 이야기를 1분 정도로 정리합니다. 1분 정도라면 10~15초 정도로 정리해 되돌려드립니다.

그러면 상대방은 자신이 했던 말을 그대로 자신이 듣게 됩니다. 다시 말하자면 자신을 객관화할 수 있게 됩니다. 앞서 이야기한 미러링 효과가 작용합니다. 이 시점에서 변화를 보이는 분도 있습니다.

예를 들어보겠습니다. "3개월 전에 정해진 일이 있었는데 일을 시작하기 직전에 취소 통보를 받았어요. 3주 전에 만났을 때만 해도 웃으면서 이야기했었는데 그건 절 속이기 위한 거였어요. 분명 그 사람은 그런 식으로 사람을 속이고 다녔을 거예요. 10년 넘게 알고 지낸 사이인데 진짜 믿을 사람이 없다는 생각이 들어요"

"상처받으셨겠어요. 3개월 전부터 정해진 일인데 취소 통보를 받으셨군요. 그래서 그 사람은 다른 곳에서도 사람을 속이고 다녔다고 생각하셨군요"

"속이고 다녔다는 건 좀 지나친 것 같아요. 죄송하다는 전화를 받기는 했어요" 이렇게 스스로 지나쳤다고 생각해서 고쳐 말하는 경우가 있습니다. 다음과 같은 경우도 있습니다.

"상사는 제가 하는 일을 제대로 알지도 못하고 알려고 하지도 않아요. 그런데도 뭔가 부족하다며 짜증을 낸다든가 고객에게 연락했냐며 확인한다든가 기획서를 3일 내로 정리하라는 등 계속 일을 주기만 해요. 심지어 어제는 다음 주에 마무리할 예정인 자료를 아직도 안 했냐며 재촉하길래 아직이라고 대답했더니 꽁해 있어요. 정말로 일할 기분이 나질 않아요"

"다음 주에 마무리할 예정인 자료는 아직이라고 대답했더니 상사가 꽁해서 일할 기분이 나질 않는군요"

"물론 회사의 기대가 큰 부서에서 일하는 것은 기뻐요. 상사도 상사 나름대로 힘들겠지만요" 이렇게 상대방의 입장을 생각하는 분도 있습니다.

제가 앵무새처럼 되돌려드린 내용을 듣고 자신이 말한 내용을 바로 수정하는 분이나 상대방의 입장을 생각하는 분은 비교적 고민을 털어내기 쉬운 분입니다. 자신이 한 말을 자신이 들었을 때 지나쳤다든가 부끄럽다고 느끼는 것은 이미 객관화가 되어 있기 때문입니다. 자신의 고민을 냉정하게 보고 분석할 수 있습니다. 이러한 분은 정신적으로 건강한 상태여서 이미 고민거리가 사라졌을 수도 있습니다.

물론 이러한 분들만 있는 것은 아닙니다. 자신의 말을 되돌려받으면 더욱 말이 많아지는 사람도 있습니다. 앵무새처럼 되돌려드리면 "맞아요"라고 호응하며 계속 이야기를 이어나가는 사람도 있습니다. 상대방의 이야기를 전부 이끌어내는 것이 목적이기 때문에 제 쪽에서는 오히려 환영입니다.

상담하러 오신 분이 무언가를 계속 이야기하고 싶어하면 제가 "다른 것은 없습니까?"하고 묻기도 합니다. 고민거리를 모조리 듣기 위해서입니다.

이때 상담하러 오신 분에게 "지금까지 이야기하신 것 말고 다른 고민은 없습니까?"라고 묻기도 합니다. 그러면 일 때문에 고민을 상담하던 사람이 가족이나 친구와 관련된 다른 고민을 털어놓는 경우가 있습니다. 그럴 때 이렇게 질문합니다. "상사와 관련된 고민하고 가족과 관련된 고민 중에 어느 쪽을 먼저 해결하고 싶습니까?"

고민이 여러 가지 있을 때는 해결 순서를 정합니다. 가장 해결하고 싶은 고민을 제외한 나머지 고민은 어느 정도 가벼워집니다. 바로 해결하지 않아도 되는 고민이라고 자각하기 때문입니다.

고민 상담을 하면서 시간이 걸릴지도 모른다고 생각하는 경우가 있습니다. 상담하러 오신 분이 이야기하면서 감정적으로 변하는 때입니다. 스스로도 무슨 말을 하는지 모르고 마지막에는 울거나 소리를 지르거나 화를 내기도 합니다.

그런 상황이 되면 정원을 보기 전에 시간을 내어 녹차를 같이 마십니다. 간식을 곁들이기도 합니다. 심호흡을 해보기도 합니다. 상담하러 오신 분이 감정적으로 불안해하면 의도적으로 오감(五感)이 필요한 상황을 만듭니다. 의식을 다른 방향으로 돌려서 산책이 가능한 마음의 여유를 만드는 것입니다. 정원으로 나가서 마음을 진정시키고 함께 아름다운 것을 찾아봅니다. 그리고 다시 방으로 돌아와서 차를 마십니다. '지금'으로 돌아오는 것입니다.

이 방법이 제가 부정적인 상담을 할 때의 대처법입니다. 저는 고민 내용을 적극적으로 듣고 마음속에 있는 것을 밖으로 꺼내어 객관화할 수 있도록 도와드리는 것뿐입니다. '마음을 바라보는 것'이 중요합니다.

주위는 바꿀 수 없습니다

상담하러 오신 분에게 제가 구체적으로 조언하는 경우는 거의 없습니다. 마음속에 있는 고민을 전부 듣고 나서 앞으로의 일에 관해 물어봅니다. "앞으로 어떻게 하고 싶으세요?" "어떤 상황이라면 고민이 풀릴까요?" "한 달 후에 어떻게 되어 있으면 좋겠어요?" 그리고 "어디서부터 어떻게 행동하면 좋을까요?"

대답을 듣고 앞으로 할 행동이 명확하면 "저라면 이렇게 하겠습니다"라는 생각을 전할 때가 있습니다. 회사 업무 때문에 대화를 피할 수 없는 사람이 있다든가 꼭 한번은 이야기해야 할 사람이 있다든가 사과하러 가야 할 곳을 알고 있다든가 하면 "저라면 이렇게 말을 걸어보겠습니다" "저라면 이렇게 만날 기회를 만들어보겠습니다"라고 대답하기도 합니다.

하지만 제가 말씀드리는 것이 정답은 아닙니다. 어디까지나 제가 생각한 것을 말씀드릴 뿐이지 그렇게 하시라고 말씀드리는 것은 아닙니다. 제 생각을 듣고 상담하러 오신 분의 마음속에 변화가 일어나는 것이 중요합니다.

좋은 생각이라고 여기는지 아니면 알고는 있지만 절대로 하기 싫다고 생각하는지 사람마다 다릅니다. 제 생각을 듣고 스스로가 어떻게 하고 싶은지 느끼는 것이 훨씬 가치 있다고 생각합니다. "저는 스님이 알려준 대로 한 것뿐이에요"라고 해도 근본적으로 해결이 되지 않습니다. 결정하는 것은 자기 자신입니다.

한 가지 조언을 드리자면 목표를 세울 때 주위의 변화는 기대하지 마세요. 자신이 할 수 있는 일을 목표로 해야 합니다. 목표를 달성하지 못해서 자신감을 잃고 상담하러 오시는 분도 계십니다. 이야기를 들어보면 대체로 주위에 기대하는 목표가 많았습니다.

예를 들면 '솔직하게 마음을 터놓을 수 있는 회사로 만들고 싶다'입니다. 이 목표는 자신의 목표가 아니라 회사의 목표입니다. 개인이 아무리 노력해도 다른 사람이 변하지 않으면 달성할 수 없습니다. 이럴 때 세울 수 있는 목표는 '솔직하게 마음을 터놓을 수 있는 회사로 만들기 위해 자신이 할 수 있는 일'입니다. 이것이 올바르게 목표를 세우는 방법입니다.

회사의 경우 개인이 혼자 할 수 있는 일은 적습니다. 일반적으로 다른 사람과 협업하는 상황이 많을 것입니다. 그렇게 되면 일과 관련된 목표를 세웠을 때 아무래도 다른 사람에게 기대하는 경우가 많습니다. 혼자서 열심히 노력해봐도 다른 사람이 분발하지 않으면 목표를 달성할 수 없습니다.

지금까지 고민 상담을 하며 깨달은 것은 자신뿐만 아니라 다른 사람도 변하지 않으면 달성할 수 없는 목표를 세웠을 때는 대부분 이루지 못한다는 것이었습니다. 주위의 변화를 기대하지 않는 것이 중요합니다.

> ## 좋은 일도 나쁜 일도
> ## 무엇인가 배울 점이 있다면
> ## 전부 긍정적입니다

다음과 같은 고민을 이야기하는 분도 계십니다. "긍정적인 사람이 되고 싶어요" 여러분은 어떤 사람이 긍정적이라고 생각하십니까? 일반적으로 모든 일에는 좋고 나쁨이 있어서 좋은 점을 주로 보면 긍정적인 사람, 나쁜 점을 주로 보면 부정적인 사람이라고 생각합니다.

흔히 예로 드는 것이 컵에 담긴 물입니다. 물의 양을 보고 "반이나 차 있네"라고 생각하는지 아니면 "반밖에 없네"라고 생각하는지의 차이입니다. 그러나 저의 시각은 조금 다릅니다. 어떤 일이든 무언가를 배우려고 하는지 아닌

지의 차이라고 생각합니다. 배우려는 자세가 있으면 긍정적이고, 부정적인 일이 생겨도 무언가를 깨닫게 된다면 긍정적이라고 생각합니다. 반대로 긍정적인 일이 생겨도 아무것도 배우려고 하지 않는다면 결과는 좋아도 긍정적이라고 생각하지 않습니다.

저는 일반적으로 부정적인 사람에 해당합니다. 예전부터 무슨 일이 생기면 나쁜 부분만 보는 버릇이 있었습니다. 하지만 제가 중요하게 생각했던 것은 나쁜 부분에서 무엇을 배우고 다음에 어떻게 행동하느냐였습니다. 앞서 예로 든 것처럼 "물이 반밖에 없네"라고 생각하면 그 물을 어떻게 사용해야 유용할지 궁리합니다.

사람은 자신이 겪은 일을 '나쁜 일'과 '좋은 일'로 나누는 경향이 있습니다. 보는 시각이 사람마다 달라서 실제로 '나쁜 일'인지 '좋은 일'인지는 판가름할 수 없습니다. 같은 일이어도 보는 시각을 바꾸면 생각도 달라집니다.

예약한 해외여행을 갈 수 없게 되었다고 칩시다. 언뜻 보면 나쁜 일일지도 모르지만, 여행 비용을 다른 곳에 써서 인생을 바꿀만한 일이 생긴다고 생각하면 결과적으로는 좋은 일이라고 말할 수 있을 듯합니다.

회사에서 자료를 잘 정리했다고 칭찬받았습니다. 분명히 좋은 일입니다. 그러나 이를 계기로 자신감을 가지게 되는 것을 넘어서서 우쭐댄다면 일에 안 좋은 영향을 끼치거나 주위 사람에게 거만해져서 인간관계가 불편해질 수 있습니다. 결과적으로는 좋은 일이라고 말하기 어려울 듯합니다. 반대로 자신감을 얻어 마음에 여유가 생겼을 때 자료 만드는 방법을 생각해본다거나 동료가 만든 자료를 보며 공부하게 된다면 당연히 좋은 일이라고 말할 수 있습니다.

저는 저에게 생기는 모든 일을 '수업'이라 여깁니다. 수업은 '배움의 장'입니다. 그렇게 생각하면 모든 일을 긍정적으로 받아들일 수 있습니다. 자신에게 생긴 일에서 무엇을 깨닫는가. 모든 일을 '좋은 일'과 '나쁜 일'로 나눌 필요는 없습니다. 긍정적인 성격, 부정적인 성격이라는 개념은 사실 필요 없는 것입니다.

'나다움'은 추구하는 것이 아닙니다

'긍정적인 사람이 되고 싶어요' 다음으로 많은 고민이 '나다움을 찾고 싶어요' '자존감이 낮아요'입니다. 사실 이러한 고민은 '월요 명상'으로 해결할 수 있습니다. 감각을 깨워서 여러 가지를 느끼게 되면 '나다움'을 자연스럽게 깨달을 수 있으며 자기 자신을 인식할 수 있게 됩니다.

'나다움'이라는 말이 본래의 의미를 잃어버려서 어디에도 얽매이지 않고 자기 뜻대로 자유롭게 사는 것을 '나다운 삶'이라고 생각하는 것이 문제입니다. 나다움을 찾지 못한다고 해서 행복해질 수 없는 것은 아닙니다. 나 자신이 지금 행복하다고 느낀다면 그것만으로도 충분히 나답게 사는 것이라고 생각합니다.

나다움을 찾고 싶어서 고민하는 이유는 다른 사람과 자신의 큰 차이점을 찾고 있기 때문이 아닐까요? 작은 차이점이라면 얼마든지 있습니다. '월요 명상'으로 감각을 깨우고 아름다움을 찾아보세요. 어떤 것을 발견했습니까? 그 아름다움을 느끼는 자체가 자신의 '나다움'입니다.

기본적으로 사람의 뇌에는 부정적 사고 회로가 있어서 없는 일이나 불만을 찾아내는 버릇이 있다고 합니다. 무언가 부족하다거나 위험하다는 것을 감지할 수 있었기에 인류는 발전할 수 있었습니다.

하지만 부정적으로 생각하는 버릇을 가진 채로 나다움을 찾으려고 하면 "뭘 해도 금세 포기해요" "성공해본 적이 없어요" "집중력이 없어요" "항상 자신감이 없어요" "오래 배웠는데도 영어가 늘지 않아요" "좋은 대학을 나오지 않았어요" "다른 사람과 대화하는 게 어려워요" 등 자신에게 없는 것이나 자신에 대한 불만을 찾아내게 됩니다.

나다움을 찾으면 찾을수록 자존감은 낮아집니다. 그렇

기에 감각을 깨워서 의식을 밖으로 돌리는 것입니다. 그것이 자신의 몸과 주위를 느끼는 '월요 명상'입니다.

'월요 명상'으로 깨운 감각이 느끼는 것은 주위의 존재입니다. 오른손, 왼손, 호흡, 폐, 배, 소리, 냄새 모두 그렇습니다. 주위를 느낄 수 있게 되면 자기 자신 안에서만 찾는 것이 아니라 주위에서도 찾을 수 있게 됩니다.

예를 들면 식사할 때 밥에 감사할 줄 아는 자신도, 길가에 피어 있는 작은 꽃을 아름답다고 느끼는 자신도, 책상 위의 컵을 보고 도예가를 떠올리는 자신도, 전부 주위로부터 찾은 자신입니다.

그렇게 주위를 느끼고 자기 자신을 찾을 수 있게 되면, 금세 관둘 것이라고 생각했지만 그림은 꾸준히 하고 있다거나 성공해본 적이 없다고 생각했지만 레시피대로 요리를 만들었다거나 집중력이 없다고 생각했지만 게임을 세시간 쉬지 않고 했다던가 자신이 했던 일에도 자신감을 가지게 됩니다. 이것이 자신의 안에 있는 '나다움'입니다.

> ## 나 자신이라고 부르는 것은
> ## 나 자신 안에 있는 극히 일부분입니다

없는 것 가운데에서 찾으려고 하면 자신의 부족한 부분만 보입니다. 그것은 자기 자신 전체에서 찾는 것이 아닙니다. 대상이 되는 것은 자신의 극히 일부분에 지나지 않습니다. 불교에서는 그 극히 일부분을 '자아(自我)'라고 하며 주위의 모든 것을 포함한 자기 자신 전체를 '자기(自己)'라고 합니다.

자아가 명상하는 것이 아니라 자기가 명상하는 것입니다. 그리고 나 자신은 나 자신이 상상하는 것 이상으로 큰 존재입니다. 머릿속에서 생각하는 것만을 자신이라 여기지만 나 자신은 몸, 주변의 공기, 소리와도 연결되어 있습니다. 그렇게 생각하면 나 자신은 주위와 연결된 큰 존재입니다.

'무(無)로 돌아간다'라는 말이 있습니다. 명상과 연상되는 말이기도 하지만 현대로 오면서 의미가 많이 왜곡된 부분이 있습니다. 무(無)는 없다는 뜻이 아닙니다. 나 자신을 수로 세었을 때 머릿속에서 생각하는 자신은 '하나'지만 주위를 느끼면 '다수(多數)'입니다. 그리고 다수가 얽혀서 '다(多)'를 초월하면 '무수(無數)'가 됩니다. 우리 눈에 보이는 것은 일부분이며 우리는 그 일부분을 전부라고 생각하기 쉽습니다. 그러나 눈에 보이지 않는 것을 포함하면 셀 수 없을 만큼 많은 것들과 연결되어 있습니다. 이를 '무(無)'라고 부릅니다. 이렇듯 무(無)는 아무것도 없다는 의미가 아닙니다.

무(無)로 돌아간다는 것은 제로가 된다는 의미가 아닙니다. '하나'인 자신을 좀 더 다양하게 바라보고 다(多)를 초월한다는 의미입니다. 귀를 기울이면 들려오는 새소리도 자신과 연결되어 있음을 깨닫는 것이 '무(無)의 경지'입니다. 무(無)의 경지에 들면 지구에 있는 모든 것이 연결되어 있다는 것을 깨닫고 '하나'로 돌아가게 됩니다. 최초의 '하나'와 최후의 '하나'는 완전히 다릅니다.

조금 어려운 이야기가 되었지만 한 가지만 기억해주셨으면 합니다. '무(無)로 돌아간다'의 진정한 뜻은 아무것도 없다는 뜻이 아닙니다. 반대로 여러 가지가 있음을 깨닫는 것입니다.

자신감이 없어도 괜찮습니다
아무런 조건 없이 자신을 신뢰합니다

'난 글렀어' '뭘 해도 안 돼' '가진 게 없어'라며 자신을 인정할 수 없는 이유는 자신을 다른 사람과 비교하기 때문입니다. 그러나 본래 인간은 그런 존재입니다. 자신의 가치는 다른 사람과 비교하지 않으면 여간해서 알기 어렵습니다.

다른 사람과의 비교에서 가장 나쁜 패턴은 비교 대상이 성공했다거나 높게 평가받는 것입니다. 실제로 자신의 평가가 낮아진 것은 아니지만 비교 대상이 위에 있는 것처럼 느껴져서 낮아진 것처럼 착각하게 됩니다. 여러분은 이런 경험을 해보신 적이 없습니까?

이것은 커다란 함정입니다. 질투심을 유발하는 정도라면 괜찮지만 자존감이 낮아지는 원인이 됩니다. 일반적으로 자신감을 가지라고 말하지만 그보다 저는 여러분 자신을 신뢰하라고 말씀드리고 싶습니다. 자신에 대한 신뢰를 쌓아가는 과정이 '월요 명상'입니다.

감각을 깨우면 주위에 있는 것들은 물론 자신이 가진 것을 깨닫게 됩니다. 상대방이 무엇을 말하려 하는지 알게 되면 의사소통 방법이 바뀌고 무엇보다 상대방을 인정할 수 있게 됩니다. 상대방을 받아들일 수 있게 되면 나 자신도 인정할 수 있게 됩니다. 처음부터 '나는 어떤 존재인가' '나답게 산다는 것은?'이라고 생각하면 답을 찾을 수 없고 결국 없는 것을 찾으려 하게 됩니다.

자그마한 나다움으로 경쟁하지 마세요

나 자신이 무언가를 보고 아름답다고 생각한다면 그것으로 충분합니다. 여러분이 SNS에 올린 사진이나 동영상을 다른 사람이 보고 '좋아요'를 누르지 않아도 신경 쓸 필요는 없습니다. 공감을 구할 필요도 없습니다.

아름다움을 발견했을 때 '왜 오늘은 아름답다고 느꼈을까?'라고 생각했다면 이미 나다움이 깊게 파고들기 시작한 것입니다. 다른 사람으로부터 영향을 받은 것이 아니라 내 안에서 자연스레 생긴 물음이기 때문입니다. 그렇게 해서 찾은 답은 틀림없는 나다움입니다.

"나다움을 찾을 수 없어서 고민이에요. 아무래도 저에게는 나다움이 없는 걸까요?"라며 상담하는 분도 계시지만 그 답은 제가 찾을 수 없습니다. 제가 알려드리게 된다고 해도 수동적으로 되어버릴 뿐입니다. 나다움을 깨닫는 것은 자신입니다.

'나다움'이라고 하면 다른 사람들과 완전히 달라야 한다고 생각하기 쉽지만 사실 아주 작은 차이입니다. 높은 하늘을 나는 새가 사람들을 본다 해도 차이 따위는 알 수 없고 생각할 것도 없을 것입니다. 반대로 우리가 하늘을 나는 새들을 바라보더라도 딱히 차이점을 생각하지 않을 것입니다.

하늘을 나는 새의 시선으로 봤을 때 사람마다 큰 차이는 없습니다. 그런데도 다른 사람과의 차이를 의식합니다. 새가 되어 하늘에서 내려다본다고 상상해보세요. 나다움의 경쟁이란 하늘에서 내려다보면 눈치챌 수 없을 정도로 사소한 것입니다.

'월요 명상' 어떠셨나요? 명상은 진입장벽이 높을지도 모른다고 생각하시던 분도, 마음챙김에 관심이 생겨서 이 책을 읽고 계시는 분도, 다리를 쭉 뻗고 벽에 기댄 채로 손을 모으고 있는 모습을 보면서 여러 가지 의미에서 고개를 갸우뚱하셨을지도 모르겠습니다.

누구나 가볍게 명상을 시작하려면 어떻게 해야 할까? 어려워 보여서도 안 되고 그렇다고 해서 명상으로 얻을 수 있는 것을 포기해서도 안 됩니다. 고심한 끝에 나온 결론이 벽에 기대는 자세였습니다.

처음에는 제가 있는 절 료소쿠인에서 하는 '좌선체험'처럼 방석 위에 앉는 가부좌 자세를 생각했습니다. 그러나 가부좌 자세를 할 수 없는 분도 계십니다. 좌선체험처럼 직접 지도할 수 있으면 좋겠지만 책으로는 불가능합니다.

등을 가능한 한 곧게 펴고 편안한 상태를 유지할 수 있어야 합니다. 이를 기본으로 하여 생각해낸 것이 벽을 이용한 '월요 명상'의 자세입니다. 이 자세라면 그대로 '월요 명상 플러스'도 이어서 할 수 있을 것 같았습니다.

이 책에서도 소개한 바와 같이 '월요 명상'의 궁극적 목표는 마음을 바라볼 수 있게 되는 것입니다. 그러나 마음을 바라보기 전에 해야 할 일이 있습니다. 우선 몸이나 호흡을 느끼는 것부터 시작합니다. 그래서 '월요 명상'으로 마음과 머리를 재부팅하는 것입니다.

어려운 것을 할 생각은 없습니다. 평소 의식하지 못했던 것을 조금만 신경 써서 느껴보는 것입니다. 몸의 일부분이어도 좋고 호흡이어도 상관없습니다. 소리를 듣는 것도 좋고 냄새를 맡는 것도 좋겠지요. 아름다움을 찾아보는 것도 좋을지 모릅니다. 그렇게 감각이 깨어나면 행복을 느끼는 시간이 점점 늘어납니다. 마음의 상태를 이야기하기 전에 우선 감각을 깨우는 것부터입니다.

저는 매주 월요일 아침 6시부터 료소쿠인의 대서원(大書院)에서 명상합니다. 함께 명상 시간을 공유해봅시다. 그리고 멋진 일주일을 보냅시다.

옮긴이 **이혜정**

일본 사이타마대학 대학원에서 문화인류학을 공부했다. 일본어 강사로 10년을 일하고 현재는 번역을 하고 있다. 원서의 맛 그대로를 독자들에게 전달하기 위해 끊임없이 노력하며 공부하고 있다. 옮긴 책으로는 『지략의 본질』『지금 시작하는 우주 비즈니스』가 있다.

월요 명상

초판 1쇄 인쇄 ┃ 2023년 2월 15일
초판 1쇄 발행 ┃ 2023년 2월 24일

지은이 ┃ 이토 도료
옮긴이 ┃ 이혜정

발행인 ┃ 고석현
발행처 ┃ ㈜한올엠앤씨
등 록 ┃ 2011년 5월 14일
편 집 ┃ 최미혜
디자인 ┃ 박소원
마케팅 ┃ 소재범

주 소 ┃ 경기도 파주시 심학산로12, 4층
전 화 ┃ 031-839-6804(마케팅), 031-839-6814(편집)
팩 스 ┃ 031-839-6828
이메일 ┃ booksonwed@gmail.com
ISBN ┃ 978-89-86022-65-0 03190